股权裂变

GUQUAN LIEBIAN

合伙人时代下的股权裂变法则

王永红 ◎ 著

中国商业出版社

图书在版编目（CIP）数据

股权裂变：合伙人时代下的股权裂变法则 / 王永红著 . -- 北京：中国商业出版社，2020.1
ISBN 978-7-5208-1094-4

Ⅰ.①股… Ⅱ.①王… Ⅲ.①股权管理–研究–中国 Ⅳ.① F279.21

中国版本图书馆 CIP 数据核字（2019）第 290205 号

责任编辑：杜辉

中国商业出版社出版发行
010-63180647　www.c-cbook.com
（100053 北京广安门内报国寺 1 号）
新华书店经销
三河市长城印刷有限公司印刷

*

710 毫米 ×1000 毫米　16 开　14.5 印张　195 千字
2020 年 6 月第 1 版　2020 年 6 月第 1 次印刷
定价：48.00 元

****

（如有印装质量问题可更换）

前 言

裂变，股权的最佳布局与最强操作

这是一个怎样的时代？狄更斯在《双城记》中这样描述：这是最好的时代，这是最坏的时代；这是智慧的时代，这是愚蠢的时代……

任何时代都可以这样理解！对于把握了时代脉搏的人，当下就是最好的时代，能从中攫取到源源不断的财富；对于通晓了时代音符的智者，当下就是智慧的时代，可以任其施展才华。

我们生活的这个时代，同样有属于自己的特色——股权的裂变性。当然这不是一蹴而就的，而是随着商业环境的改善，一步步优化形成的。从曾经的短缺经济到如今的极度竞争，企业的价值创造与精神传递经过了以下五个时代。

产品时代：企业经营以产品为导向，致力于生产优质产品，并不断精益求精，日臻完善。

商品时代：企业发展开始转向关注市场与消费者需求，生产用于满足消费者需求的交易产品。

品牌时代：企业、产品与客户不再无关，而是有了情感互动，符合客户需求的产品更能抢占消费者心智。

资本时代：企业资本积累方式发生质变，资本市场的力量日趋强大，能否科学利用资本市场杠杆作用，决定了企业的规模效应与利润超期。

股权时代：企业由对具体"业务"的经营转变为对强力"人才"的经营。企业通过股权进行对人的投资，而投资的对象对内考虑的是如何通过股权激励打造奋斗型员工和成长型团队，对外考虑的是怎么与利益相关者进行战略绑定，实现以股权为纽带的行业大整合。

在股权时代，企业的目标应该定在细分领域的寡头。但我们都知道，创业与守业都是九死一生的修炼，若是在股权操作上存在误解和偏差，就会变成十死无生。

由于我国企业实施股权操作的时间比较短，理解与操作上存在着不少问题。首先是认识问题，将股权理解为单一的一种利润、一种酬劳、一种权利，都是不正确的。其次是操作问题，认为股权只是承包分红、薪酬分配、合伙"分赃"等发放形式，用于笼络人才、团结队伍和提高效率，这也是错误的。

其实，股权之力不是仅作用于企业内部，也不是只有不断向外分发这一种形式，而是多种作用力和多种形式兼具。写作本书就是为了让更多的企业经营者更正确、深入、踏实地掌握股权知识，以便给企业最大能量的加持。

本书第一章与第二章是对股权认知的整体展开，相对于同类型书籍更为系统直观。从第三章开始后的几章都是对股权操作的全面解构，也是股权的七种裂变形式。即本书始终围绕股权展开，形成裂变形态，股权的最佳布局就在裂变中悄然形成，当然必须辅以最强操作。

在通读并掌握本书内容之后，你会发现原先遮盖在股权上面的神秘面纱终于掀开了，可以与股权面对面合作了。而且也知道了，要让股权发挥最大作用，前提是要正确认识股权的性质，以及树立正确的操作导向，让股权裂变后的企业快速走上利益共同体、事业共同体、命运共同体的构建之路。

总之，股权时代是最好的创业与投资时代，尤其是在我国将"大众创业、万众创新"上升为推动经济转型升级引擎的战略高度，并在法律、政策、资本市场、知识产权等方面不断推出新举措的时代背景下，以股权架构为核心、以股权裂变为导向的企业经营有了新发展的便捷通道。

如果你只是辅助创业或企业骨干，在股权时代你的价值与利益也将得到强化，因为股权时代也是最好的合伙人、员工持股时代，只要企业股权裂变实施得正确合理，任何人都能在股权时代大有作为和实现财富梦想。

最后，我们以一句话作为前言的结尾，也作为本书正文的开篇："股权裂变的重要性超过了商业模式和行业选择，比你是否处于风口更重要。"

目 录

第一章
股权裂变的前奏
1.1 股权相关概念 / 2
1.2 股权设计的"三必原则" / 7
1.3 股权分配的"六大死局" / 10
1.4 股权的核心作用 / 15

第二章
股权裂变的底层基础
2.1 获得股权的途径 / 20
2.2 对于股权载体——公司的正确认知 / 25
2.3 创业公司如何设计股权结构 / 32
2.4 创业公司的动态股权分配 / 36
2.5 持股平台搭建技巧 / 41
2.6 股权置换的操作方法 / 43

第三章
控制权：股权裂变稳态实现的根基
3.1 解码股权运作"生命线" / 50
3.2 引发股权战争的隐患 / 56

3.3 公司的"三会一层"决策机构 / 65

3.4 六招彻底锁死控制权 / 69

第四章
股权激励：点燃个体能量，裂变从内部发动

4.1 股权激励的核心作用 / 74

4.2 股权激励设计要点 / 77

4.3 常见股权激励模式解析 / 85

4.4 股权激励的流程 / 93

4.5 股权激励的误区 / 104

第五章
股权估值：评估企业股权裂变的量级

5.1 股权估值的作用 / 110

5.2 不同时期估值评估要素 / 111

5.3 相对估值方法 / 114

5.4 绝对估值方法 / 116

第六章
股权众筹：迅速扩展裂变外围

6.1 认识股权众筹 / 120

6.2 股权众筹的三种模式 / 122

6.3 股权众筹商业计划书需要明确的四个方面 / 124

6.4 股权众筹的流程 / 127

6.5 股权众筹的风险防范 / 131

第七章
股权融资：无限延伸裂变纵深

- 7.1 资本市场概况 / 136
- 7.2 股权融资的方式 / 138
- 7.3 投资人对股权融资商业计划书的五个关注点 / 141
- 7.4 股权融资的流程 / 144
- 7.5 股权融资的致命陷阱 / 149

第八章
股权投资：战略性布局，增强裂变核心力

- 8.1 股权投资掠影 / 154
- 8.2 股权投资分类 / 157
- 8.3 股权投资的流程 / 159
- 8.4 股权投资的退出方式 / 165
- 8.5 股权投资的五类风险 / 169

第九章
股权收购：网罗可裂变的一切资源

- 9.1 初识股权收购 / 174
- 9.2 股权收购的方式 / 175
- 9.3 股权收购的流程 / 178
- 9.4 股权收购的常见风险 / 180

第十章
股权上市与红筹架构

- 10.1 股权上市二三事 / 186
- 10.2 股权上市的流程 / 189

10.3　境外上市 / 197

10.4　境外上市的形式 / 200

10.5　红筹模式的搭建 / 204

附　录

附录一：股权架构的 16 个阶段 / 210

附录二：川尚股权案例集锦 / 215

第一章
股权裂变的前奏

未料胜先料败,未知生先知死。本章是全书的开篇,需要介绍股权的最核心内容。相对于枯燥死板的概念性介绍,我们剑走偏锋,将股权基础的干货——必须遵守的原则与不能触犯的死局总结出来。就像上菜一样,不要开胃小菜,第一盘菜就是正餐大菜。

1.1 股权相关概念

对于股权的认知，再系统的书也必须从概念讲起。我们要做的不是简单地复述概念，而是要进行最正确的解释和最系统的传播。

1.1.1 股权是什么

在《中华人民共和国公司法》中（下文简称《公司法》），涉及有限责任公司股东的权利多用股权，涉及股份有限公司股东的权利多用股份。

1. 股权的定义

股权属于财产所有权的一种，是有限责任公司股东对公司享有的人身和财产权益的一种综合性权利。股权有如下含义：

（1）股权是有限责任公司资本的最基本单位；

（2）股权代表有限责任公司股东的权利与义务；

（3）股权的价值表现形式为出资证明书；

（4）股权可依法转让。

注：在股东转让股权后，公司应立即注销原股东的出资证明书，并向新股东签发出资证明书，即一份股权只能对应一份出资证明书。

出资证明书由公司盖章，其中必须载明的事项有：①公司名称；②公司成立日期；③公司注册资本；④股东姓名或名称；⑤股东缴纳出资额和出资日期；⑥出资证明书编号和核发日期。

此外，股权可以分为以下几类（见表1-1）：

表1-1 股权分类

类别	具体内容
自益权	主要指拆产权，是股东为了自身利益而行使的权利。如股利分配请求权、公司盈余分配请求权、股份转让权、新股有限认购权等

续表

类别	具体内容
共益权	股东为了自身利益的同时，兼顾企业利益而行使的权利。如股东会议召集权、表决权、提案权等
普通股东权	又称"一般股东权"，指持有普通股所产生的股东权利
特别股东权	在股份有限公司中，特定股东所拥有的权利。如对公司某些事项的优先表决权、优先获得股息和红利等权利
单独股东权	指论股东持股数量多少，每一单独股份在企业内均享有相关权利
少数股东权	指拥有企业股份达到一定比例才能行使的特定权利

2. 股份的定义

股份是对股份有限公司的资本进行计量的单位，能直观表现出股东在企业总资本中所占的投资比例，及股东所拥有的可转让权利的多少。股份有如下含义：

（1）股份是股份有限公司资本的最基本单位；
（2）股份代表了股份有限公司股东的权利与义务；
（3）股份的价值表现形式为股票价格；
（4）股份可以转让。

股份具有四个特点（见表1-2）：

表1-2 股份的特点

特点	具体说明	特殊说明
价值性	股份有限公司的资本以股份为计量单位，每股金额相等	股份是公司资本与一定价值的体现，可以用货币加以衡量
平等性	股份发行须遵循公平、公正原则，同种股份的每股权利相等	
不可分性	股份是公司资本的最基本构成单位，每股不可再分	
可转让性	股东持有的股份可以依法转让	《公司法》第一百三十七条规定："股东持有的股份可以依法转让。"第一百三十八条规定："股东转让其股份，应当在依法设立的证券交易场所进行或者按照国务院规定的其他方式进行。"

3. 股票的定义

股票是股份有限公司发行的所有权凭证，是股份有限公司为筹集资金而发行给各个股东作为持股凭证并借以取得股息和红利的一种有价证券。

每股股票都代表股东对企业拥有一个基本单位的所有权，股东个体所拥有的公司所有权份额的大小取决于其所持有的股票数量占公司总股本的比重。

《公司法》第一百二十五条规定："股份有限公司的资本划分为股份，每一股的金额相等。公司的股份采取股票的形式。股票是公司签发的证明股东所持股份的凭证。"因此，股票是股份有限公司的专属概念，有限责任公司以出资证明书为所有权凭证。

股票由公司法定代表人签名，公司盖章，其中必须载明的事项有：①公司名称；②公司成立日期；③股票种类；④票面金额即代表的股份数额；⑤股票编号。

股票具有如下特点（见表1-3）：

表1-3 股票的特点

特点	具体说明
流通性	股票是资本市场的有价证券，可以转让、买卖或作价抵押
收益性	拥有公司股票就可享受公司分红，也可通过交易实现溢价收益
同权性	同一类别的每股代表公司所有权是相等的
同价性	同次发行的同类股票，每股的发行条件和价格应相等
参与性	持股人可以参与公司股东会/大会行使自己的权利
风险性	股票投资风险较大，且股票一经发售，除有特殊约定外，不得返还

此外，股票可以根据业绩表现、分配顺序和是否记名分为以下三类：

（1）按业绩表现分为蓝筹股、绩优股和垃圾股。这是最被大众熟知的一种划分方式，其中蓝筹股是指那些在其所属行业内占有重要支配性地位，且业绩相对优良、红利比较丰厚、成交相当活跃的大公司股票；绩优股是指公司规模在行业内不算突出，但能保持稳定增长且业绩优良的公司股票；垃圾股是指那些业绩长期较差、发展滞缓的公司股票。

（2）按分配顺序分为优先股和普通股。优先股代表具有优先权利的股票，优先股股东的权利主要表现在优先分配利润（有限分配权）和优先分配剩余资产（优先求偿权）。普通股代表具有一般权利的股票，每股通常对应一个投票权，普通股股东按持股比例分享收益。目前，主板市场和"新三板"市场均有优先股相关规定和发行案例；上海证券交易所和深圳证券交易所上市交易的股票都是普通股；"全国中小企业股份转让系统"挂牌转让的股票都是普通股。

（3）按是否记名分为记名股票和无记名股票。记名股票是公司向发起人和法人发行的股票，并记载该发起人、法人的姓名或名称。记名股票应当置备股东名册，其中必须载明的事项有：①股东姓名或名称；②股东地址；③各股东所持股份数；④各股东所持股票编号；⑤各股东取得股份的日期。无记名股票是公司面向员工或大众发行的股票，应当记载所发行的股票数量、日期和编号。

1.1.2 股权、股份、股票与公司的对应关系

分为有限责任公司和股份有限公司两种情况（见图1-1）：

资本基本单位——股权　　　　　　　　资本基本单位——股份
外在表现形式——出资证明书　　　　　外在表现形式——股票
出资获得的身份——股东　　　　　　　出资获得的身份——股东
基于股东身份获得的权利——股东权利　基于股东身份获得的权利——股东权利

　　　有限责任公司　　　　　　　　　　　股份有限公司

图1-1　股权、股份、股票与有限责任公司和股份有限公司的对应关系

1.1.3 股权是否等于股东权利

我们已经了解了股权的概念，下面再来看看什么是股东权利。

通过认缴出资、认购股份或其他方式，取得对应比例的公司股权或股份

后，成为公司股东，获得股东资格。股东权利就是基于股东资格，并按照《公司法》或公司章程约定对公司享有的相应权利。也就是说，拥有股东资格才拥有股东权利，若股东资格丧失则股东权利随之丧失。

有关于股东权利的内容在《公司法》中都有体现，归纳总结为：表决权、选举权和被选举权、知情权、查阅权、建议权和质询权、召开临时股东会/大会和自行召集权、临时提案权、转让权、股利分配请求权、异议股东股份回购请求权、增资优先认购权、剩余财产分配请求权、申请法院解散公司权等（具体每种权利的内容和行使方式，可查阅相关书籍或资料得知，在此不做详细解释）。

由此可见，股权并不是股东权利，两者是既相互关联又完全不同的概念。而且作为企业经营者，必须清楚股权、股份、股票和股东权利是不等同的，要做到真正理解，以避免因为概念混淆而引发对于公司股权设计、股权控制和股权激励等操作的失误。

1.1.4 本书的"股权"

《公司法》第三条第二款规定："有限责任公司的股东以其认缴的出资额为限对公司承担责任；股份有限公司的股东以其认购的股份为限对公司承担责任。"

股权与股份是基于不同公司性质的两个概念，本节将股权、股份、股票的概念进行讲解，目的是让广大读者能更清晰地对三者予以区分。

但这种区别更多是狭义上的，广义上在企业经营过程中对于股权和股份的区别并不大，都是基于股东通过合法方式获得企业股份的基础上，股东根据其所拥有的股份在企业总资本中占据的比例而享有对应的权益与承担相应的责任，因此从实际操作上来说股东拥有股权或股份具有相同的意义。这就是我们为何在书中将对于企业股票份额的操作都称为是对"股权"的操作，进而延伸出股权的各类裂变，如股权控制权、股权激励、股权估值、股权众筹、股权融资、股权置换、股权投资、股权收购、股权上市等。

1.2 股权设计的"三必原则"

任何企业对股权的操作都必须建立在企业运行的基础上，也就是说企业经营得好，进行股权结构设计才有意义，拥有股权才能获得实际价值。在企业经营得好的基础上，股权设计也要确保做到最基本的原则，即为企业股权设计的实施操作保驾护航。为此，我们提出了"三必原则"。

1.2.1 必须有主营业务

春秋时期，管仲在《管子·国蓄第七十三》中提到："利出于一孔者，其国无敌；出二孔者，其兵不诎；出三孔者，不可以举兵；出四孔者，其国必亡。"

虽然两千多年前强调的"孔"与现在的"孔"内容不一样，但意义却是一样的，就是要保持一个主要的利益渠道。"利出一孔"对于当今企业经营仍有借鉴价值，当今所有大型企业都有着各自的利益"孔"道，而且都在各自的"孔"道内孜孜不倦，力求让主营业务长期保持领先地位。

小米从创立至今也就十年，却发展为生态型企业，正是得益于其始终致力于对主营业务的开发。当你在百度上输入"小米"关键词，出来的前两条必有"小米商城"。

小米商城是小米手机官方网站，直营小米公司旗下所有产品，包括小米手机、小米家电、小米智能设备、小米搭配、小米配件和小米周边六大类产品。同时提供小米客户服务及售后支持，本着"为发烧而生"的极致精神，致力于为全球每名用户提供来自中国的优质科技产品。

主营业务不是说只能做一款产品或一项业务，在互联网时代靠一款产品打天下已经不现实。如今企业的主营业务要控制在同类别或同生态范围内，力求做到在核心产品的带动下，形成集团式产品上线升级。

我们可以看到，小米虽然有六类产品，但都是围绕小米的手机这一核心产品而展开，而且小米的产品集团优势是建立在小米的智能产品这一强项领域。

正是因为有了主营业务做支撑，并将围绕其的业务生态持续做好，企业的业绩才能不断增长。随着企业价值的不断提升，企业的股票价值也随之水涨船高，这样的企业做股权划分才最具吸引力。

1.2.2 必须有核心股东

所谓"人无头不走，鸟无头不飞"，一家企业不管有多少"白骨精"，但"带头大哥"只能有一个，即核心股东。

某公司由A、B、C三人创立，根据投资份额依次占股40%、40%、20%。其中，A和B不参与经营，C独自经营公司。三年后，公司产值做到了4000万元。

随着公司不断壮大，C的心理也越发不平衡，自己拼死拼活地干最终只能分得最少的红利，A和B什么都不干却分到大头。于是C找A、B两人商量，希望能增加些股份，结果被A、B两人当场回绝。

A说："如果公司做到今天大亏呢？我们就要承担大部分债务，那时你会不会说是你经营导致的，你自己多承担一些，我们俩少承担一些呢？"

B说："既然你承担了20%的责任，就分20%的分红。我们承担80%的责任，就该享受80%的分红。"

C生气地说："如今的责任和分红是按照咱们的出资划定的，如果咱们三个同时参与经营，这么分当然没问题，但现在是我一个人在工作，你们坐享其成，我贡献了百分之百，你们的贡献为0，分红时难道不该考虑个人贡献吗？现在这样分配就是不公平。"

这次谈话让C非常气愤，他很快办理了离职，并转让了股份另起炉灶。

企业治理的直接目的是解决企业的产权和股东关系。在本案例中，显然是股东关系没有理清楚，创业之初只是简单地按照出资比例设定股权结构，但随着经营的深入与扩大，对于资金的要求逐渐减小，但对于人才的需要逐渐增大。因此在创业之初 A 和 B 的资金是重要的，但度过创业艰难期后 C 的付出就越发重要了。在股权划分时要考虑多方面因素，选出一个核心股东，让其能长期带领企业前行。

1.2.3 必须规范经营+公司化治理

国有国法，家有家规，是我们都知道的一句老话。企业经营也离不开各种法与规，内部有企业制定的公司章程、股东协议等；外部有政府制定的各种法律条文，如《中华人民共和国劳动法》《中华人民共和国合伙企业法》《中华人民共和国公司法》《中华人民共和国证券法》《中华人民共和国担保法》《中华人民共和国物权法》《公司注册资本登记管理规定》《上市公司股权激励管理办法》《上市公司收购管理办法》等。

结合各类内、外部规章制度，企业逐渐实现规范化经营，不给任何想不劳而获的人空子可钻。

2006 年 7 月 13 日，传出一条爆炸性新闻，时任创维集团董事局主席的黄宏生因跟胞弟时任创维数码执行董事的黄培生一起串谋诈骗创维数码 5000 万港元而入狱。

此次事件发生的起因是创维早期经营不规范，公司化治理结构漏洞百出，后创维上市，矛盾进一步加剧，多位创业元老离开，创维管理层不断更换。

一家企业，如果不实施规范化经营和公司化治理制度，就无法保证企业的长期发展。在动荡的公司里，任何形式的股权设计都变得毫无意义。股权设计必须建立在公平、公正、合理及公司良性发展的基础上。

1.3 股权分配的"六大死局"

进行股权分配时，经常会陷入设计出错的陷阱。而一旦掉入陷阱，就如同走入死局。随着企业经营的深入，死局的负面作用会不断放大，直至将企业拖入深渊。下面，我们对股权分配的"六大死局"一一进行剖析，希望企业在进行股权分配时能够引以为鉴，以提高企业经营者对股权分配死局的防范程度。

1.3.1 平分博弈

这是典型的"平均主义"，以创业之初最为常见。例如，两个人各占50%，三个人各占33.33%，四个人各占25%，五个人各占20%……

乍看起来是蛮不错的划分方式，既兼顾了利益，又不损伤面子。但"股权均分"导致的直接后果是没有"拍板人"，相等股份的人有同等发言权，因为没有人有绝对控制权，也就没有人能最终拍板。在企业实际经营中，一旦发生影响公司的大事件，个人往往因为能力不同、考虑问题的立场不同、面临的个人问题不同等，导致无法达成一致意见，自然就形不成决策。如此，不仅对企业经营不利，还会引发大股东之间对控制权的争夺。

1977年，成立仅一年的苹果公司股权结构变更为斯蒂夫·乔布斯、斯蒂夫·盖瑞·沃兹尼亚克、迈克·马尔库拉各占30%，另一位核心级工程师占10%。1980年，苹果公司公开招股上市。在企业发展的关键阶段，乔布斯和马尔库拉发生内斗，鉴于自己手中股权不够，为了制约马尔库拉，乔布斯说服百事可乐CEO约翰·斯卡利跳槽来到苹果公司担任CEO。但接下来剧情反转，斯卡利"叛变"了，最终在马尔库拉的支持下接手了乔布斯的职务。乔布斯无奈出走，直到1996年才临危回归。

由上例可见，"股权平分"被列在死局第一位不是没有道理的，因为出现的概率最高，创业期的同心同德往往让人忽略了利益对人的侵蚀性。但随着企业发展壮大，利益渐多，股权平分必然导致"同床异梦"。此后矛盾升级，彼此之间产生分歧，走向"同室操戈"，甚至"同归于尽"都有可能。

1.3.2 一股独大

知道了"平均股权"对企业的危害，有些企业经营者就采取了"一股独大"的形式。所谓一股独大，是一个人拥有企业100%的股份，或者是夫妻两人共同占有企业100%的股份。这样做虽然避免了企业内斗，但对于企业发展也很不利。

一股独大的企业意味着"老大"掌握着绝对的话语权、控制权和收益权。那么企业里的其他人呢？企业是谁的，谁才会操心，既然企业与自己没有一点关系，自己为什么要替别人操心。企业拥有一大群混工资的员工，对企业发展肯定不利。

四川某公司创立之始就是创始人一人独占全部股份，凭借创始人的能力企业逐步发展起来，但再向上追求更大发展时，却遇到了瓶颈。因为仅靠创始人一人能力有限，而除此之外，企业再无得力人员可用。

后来，成都川尚企业管理咨询有限公司受邀介入，帮助企业重新设计股份。川尚首席导师王永红说服创始人将股份减少至67%，其余33%的股份用于激励团队和对外融资。企业核心人员得到股份后，心态从打工者转变为主人翁。企业得到了外部融资，发展前景更为广阔。最重要的是，创始人仍然掌握67%的股份，这是企业股权操作中的"绝对控制线"。

在对企业的控制上，掌握67%的股份与掌握100%的股份没有区别，因此没有必要将剩余的33%抓在手里。这33%的股份是企业的第一笔宝藏，必须要挖掘出来。当然在进行股权设计时还有很多种方法，可以让企业创始人在占据很少股份比例的情况下仍能掌握企业的绝对控制权，这些方法在第四章控制权中会进一步介绍。也就是说，只要股权设计方法正确、合理，股权的宝藏可以更大程度地被挖掘出来。

1.3.3 按资配股

按资配股是股权设计中非常容易出现的错误,很多企业在创立时,直接按照出资人投入的资金额进行股权比例分配。因此,就有了出力的人与出资的人在持股比例上的错配现象,也称为"人资倒挂"现象。

从投入多少得到多少的直接因果关系看,按资配股好像是公平合理的。但从企业经营的实际角度看,一家企业能否做好,资金只是一方面因素,还有很多因素也必须考虑,如人力贡献、专业技术、特殊资源等。只有综合各方面因素才能最终确定每个人的配股比例。

案例1:

X公司由三位股东出资创立,A股东出资60万元,B股东出资25万元,C股东出资15万元,股权分配为A占60%、B占25%、C占15%。其中,B因为掌握技术而全权负责经营,C引入一些特殊资源帮助公司发展,A基本不参与。

案例2:

Y公司也由三位股东出资创立,D股东出资50万元,E股东出资30万元,F股东出资20万元,股权分配为D占50%、E占30%、F占20%。其中,D负责经营,E和F完全不管。

显然这两家公司的配股设计都是不合理的,因为资金对于企业起步很重要,但随着企业经营的深入,人的贡献就更为重要。

(1) X公司中A出资最多,但没有任何资金以外的贡献;B既掌握技术又负责经营,显然是贡献最大的;C为企业引入重要资源,对企业发展贡献也不小。在这种情况下,A的股份占比必须下调,B的股份占比要大幅度提升,C的股权占比也应有所提升,总之要以B为核心股东。

(2) Y公司中D出资最多,而且贡献也最大;E和F出资是偏少方,贡献也是0。因此,要么下压E和F的股份占比,并上调D的股份占比;要么D的股份占比不上调,E和F的股份占比下调,留出预留股份为将来做准备。

1.3.4 股权过散

对于企业发展来说，一定是资金越充足，发展的前期动力和续航能力就越足，于是一些创业者或经营者着力为企业寻找"带资入场"的合作者，只要肯投入资金，就会分得股份。于是，出现了一家规模不算大的公司，有几十位、上百位重要股东的现象。

某咖啡厅通过股权众筹模式成立，有将近100位股东。这些股东都是高素质人才，都在各自的领域站稳了脚跟。大家都认为这么多"白骨精"合资创办的咖啡厅必定是智慧的集合场，未来发展将不可限量。可落实到具体经营中，"白骨精"们都是小股东，每个人都有对咖啡厅"指手画脚"的权力，而且彼此谁也不服谁，都觉得自己的办法好，经营决策一日三变，咖啡的定价忽高忽低。

不用说也能知道如此"作死"经营的结果只能是倒闭。在股东众多的企业中，人际关系复杂、圈层林立，如果没有一个可以服众的核心人物，就会是一盘散沙，即便企业有着优秀的产品、出色的技术、众多的资源，最终也只能沦为其他企业的垫脚石。

1.3.5 小股为尊

在阐述这种死局之前，先来看一个案例：

某公司有A与B两名股东，分别拥有公司51%和49%的股份。几年的经营相安无事，后因发展加速，招募了一位技术大神C。为了免去C的后顾之忧，A、B两人决定各拿出3%的股份相赠。公司股权结构变更为：A掌握48%的股份，B掌握46%的股份，C掌握6%的股份。

常规状况应该是，C掌握股权最少，占股比重也小，在企业的分量也轻，是绝对的小股东。但因为A和B谁都没有达到股东持股过半数的相对控制线，在日常经营中并没有决策权，所以每当A与B意见相左时，都会去争取C站在自己一边。无论是A+C的股份占比之和，还是B+C的股份占比之和，都超过了51%，也就是说只要获得了C的支持，就等于某项决策可以通过了。C也看到了自己的重要地位，他没有选择固定站队，而是在以个人利益至上的前提下周旋于A、B之间，最终形成了A、B被架空，C成为最终决策者的局面。

通过上述案例可以看到，像C这样的情况就是小股东称霸，因为股权划分的不合理，让企业中的某一个或某几个小股东形成的小集体趁机做大，窃取企业的最高决策权。一旦企业出现这样的局面，内部矛盾将很快激化，企业将难以走回正常的发展轨道。

1.3.6 影子股东

对于影子股东的讨论，可以分为两个部分，一部分是机会股东，也称"兼职股东"；另一部分是挂名股东，也称"备胎股东"。

1. 机会股东

有的股东一人投资了多个项目，无法全身心地参与到企业经营中，只能以兼职身份存在。这样的股东对于企业的贡献多集中于前期，实际经营贡献很少，甚至为0。对于创业或发展型企业来说，存在这样的股东是危险的，因为他们投资只是为了获得收益，对那些全职经营的股东来说非常不公平。

想要解决这样的问题，只有一条路可走，就是尽量避免企业内出现"兼职股东"。如果确实因为资金、资源或特殊原因的需要不得不引入这样的股东，那么也要将他们的股份占比降到最低，而且在企业未来发展的过程中要进一步稀释"兼职股东"所占股份的比例。

2. 挂名股东

在股权分配上，有一种几乎是中国企业独有的现象，那就是挂名股东。让某位亲属、某位好友在工商局注册成股东，但这类股东既没实际出资，也不出力，却是"显性股东"；真正为企业既出资又出力的股东却没有任何工商注册的信息，成了"隐性股东"。

试想，按资分配的"人资倒挂"现象都能引发矛盾，那么这种"错位股东"引发矛盾的机会将更大。比如，当家族、朋友之间发生矛盾时，手握企业权力的"显性股东"能做出怎样的行为……再比如，当企业经营出现危机时，没有注册信息却为企业尽心竭力的"隐性股东"将如何做……

1.4 股权的核心作用

本书对股权操作的各种形式进行讲解,之所以围绕股权操作,是因为股权在企业经营过程中有着非常重要的、不可被替代的作用。股权的作用主要有七种,从公司治理切入,由股权传承收尾,与股权裂变操作完美契合。

1.4.1 公司治理

股权的首要用途是公司治理,股权结构是否合理关乎公司治理能否顺利进行,而且股权结构也决定了公司不同的组织结构及治理结构,最终决定了公司的发展走向。

股权结构主要作用于公司治理的内部机制:分为控制权可竞争的股权结构和控制权不可竞争的股权结构。

(1)控制权可竞争的股权结构:①股东会决定的董事会能够代表全体股东的利益。②剩余价值的控制权与索取权相匹配,股东有动力向经理层施压,促使其为实现公司价值最大化而努力。③相对控股股东的存在比较有利于经理层在完全竞争的条件下进行自然更换。

(2)控制权不可竞争的股权结构:①占绝对控股地位的股东可通过垄断董事会人选的决定权来获取对董事会的决定权,中小股东的利益将得不到保障。②剩余价值的控制权与索取权不相匹配,股东只会利用手中仅有的权力去谋取自己的私利,没有动力去实施监控与敦促。③经理层的任命被大股东控制,不存在竞争状态下的优胜劣汰。

1.4.2 股权控制

控制企业最好的方式是控制股权。

这是一个经历了千难万劫和无数企业的兴衰沉浮才最终得出的正确答案。不要相信强权,那样人心不服;不要迷恋制度,人性难以约束。

对企业最好的控制是通过股权进行控制，只要控制了股权和对应的表决权，就可以掌控企业，这是主观意义上的控制。获得股权的人必然将自己的利益与企业的利益相关联，一种努力，得到两种收获，这是客观意义上的控制。当主观控制和客观控制相融合后，股权将对企业形成最大的助推力，控制力与释放力相得益彰。

1.4.3 股权激励

股权激励虽然在国内起步较晚，但蔓延速度极快，如今已经成为最时髦的管理词汇之一。无论是上市公司还是非上市公司，也无论大、中、小级别的企业，都可以实施股权激励。所谓股权激励，是以实现企业长远发展、留住核心人才为目的，而推行的一种以股权为标的、对企业员工进行长期激励的管理机制。

股权激励可以把员工的个人利益、股东的长远利益和企业的长期发展结合起来，最大限度地防止企业经营者和实际操作者的短时心理和短期行为，还可以起到防范"内部人控制"等侵害股东利益的行为。

1.4.4 股权融资

企业可以通过释放一定股权比例的形式获得融资，即用股权方式获得资金，将企业级别快速拉高，做大做强。

股权融资的做法是企业现有的股东主动让出部分股权用以融资，外部注资方或注资人通过对企业增资的方式成为企业新股东。股权融资获得的资金属于长期资金，企业没有还本付息的压力。

虽然企业股本增加，但企业股权也被部分释放，那么股权融资对企业是否有利呢？当企业做大做强后，企业自身持有的股权会随之增值，如此会带来巨大的增收效益。而新股东的利益诉求是与老股东共享企业的成长带来的利益分红和股权溢价收益。因此，股权融资对企业来说利益极大。

1.4.5 对外投资

企业在自身经营的主要业务之外，以现金、实物、无形资产等方式，或者以购买股票、债券等有价证券的方式，向境内外的其他企业进行投资，就称为"对外投资"。对外投资不论是股权投资还是债权投资，目的都是在未来获得投资收益。

投资与被投资企业多数形成股权关系则是企业内生发展的需要，如此企业可以用较少的资金实现对外扩张的目的。

对外投资是企业发展的必然路径，对于企业而言，有以下好处：一是可以有效利用闲置资源，将它们的价值最大化；二是有利于开发新产品、衍生出附加值更高的产品品类；三是可以实现快速扩大销售规模、开辟新市场的目标；四是能够整合上下游产业的资源，保障企业发展产业链的完整和布局的合理性；五是便于从外部引进先进生产技术，提高企业技术实力和竞争能力。

1.4.6 兼并收购

如果对外投资是内生发展，增长速度相对较慢，那么兼并收购就是外生发展，增长速度将成倍提升。

兼并收购可以简写为"并购"，是两家或两家以上的企业，通过相关操作合并为一家企业，或者是"母子关系"的企业结构。

但"并"与"购"即便性质相同，具体操作也并不相同。

兼并也称为"吸收合并"，是一方将另一方"消化吸收掉的过程"。在吸收合并的过程中，兼并方与被兼并方（不固定为一家企业）合并成一家企业，合并完成之时也是被兼并方消失之时。

收购也称为"购入合并"，是一方将另一方买入后放置于旗下的过程。在收购过程中，收购方通过现金、股票等有价证券收购另一家企业，以获得被收购方的全部资产或部分资产的所有权，目的是获得对被收购方的控股权，收购完成后两方都存在，被收购方与收购方形成"母子关系"。

1.4.7 上市

企业做大做强到一定程度之后，就会将上市提上议事日程。其实，上市是很多企业经营者想要尽快实现的梦想。毕竟上市为企业带来的不仅是资金，还有外界对企业的品牌、实力、业务、知名度和价值的认可。

企业上市之后，会给其股票市值与股权价值带来两方面好处：

（1）没有限售或其他限制的股票是可以自由流通的，受国际环境、宏观经济、政策变动、市场波动及企业经营等因素的影响，企业的股票价格会随时变动，企业市值也随之时刻变动，只要企业业绩向好，能保持持续稳定的增长，长期趋势一定是上涨的。

（2）当企业的股权价值得以实时体现，股票市值不仅代表了企业的实力，也是股票持有者财富的体现。福布斯富豪排行榜上一项重要的统计数据来源就是公开市场发售的企业股票市值。

第二章
股权裂变的底层基础

"十年内,得股权者得天下。"不管听没听过,这句话如今已经过时了,因为它产生的时间就是十年前。曾经的预言已成真,接下来企业经营者要做的是深入调配股权,使其有条件发挥最大价值。本章就是为实现正确调配而必须夯实的底层基础,从获得股权的途径切入,一路经过对股权载体的正确认知,对创业公司股权设计与动态分配的介绍,最后是持股平台的搭建方式。

2.1 获得股权的途径

根据前文所述，需通过出资、认购股份或其他方式，获得公司的股权或股份后，成为公司股东。那么，具体有哪些途径呢？

2.1.1 直接出资

根据《公司法》规定可知"出资"有两层含义：一是认缴出资或认购股份；二是实缴出资或实缴资本。

2013年12月8日，《公司法》就公司成立时必须缴纳全部或部分出资要求进行修改，改为"注册资本登记认缴制"。有限责任公司和发起设立的股份有限公司实行"认缴制"——以全体股东"认缴的出资额"或"认购的股本总额"为注册资本；募集设立的股份有限公司仍实行"实缴制"——以公司"实缴股本总额"为注册资本。

根据《公司法》相关规定，股东可以直接用货币出资，也可以用实物、知识产权、土地使用权等可以用货币估价并依法转让的非货币财产作价出资（法律与行政法规规定的不得作为出资的财产除外）。

根据《公司登记管理条例》相关规定，股东不得以劳务、信用、自然人姓名、商誉、特许经营权、设定担保的财产等作价出资。

股东或发起人可以以其持有的在中国境内设立的公司的股权出资。以股权出资应当权属清晰、权能完整、依法可以转让。但以下几种股权不得作为出资：①股权已被设立质权；②股权所在公司章程约定不得转让；③股权所在公司股东转让应当报经相关行政部门批准而未批准；④股权涉及法律、行政法规、国务院决定规定不得转让。

此外，债权人可以将其依法享受的对在中国境内设立的公司的债权转为公司股权，但需满足几个条件：①债权人已经履行债权所对应的合同义务，且不违反法律、行政法规、公司章程的禁止性规定；②经由仲裁机构裁决确认；③经由人民法院生效判决；④因公司破产而列入人民法院批准的重整计划或裁定认可的和解协议。

2.1.2 资本公积、盈余公积、未分配利润转增

公司净资产按照会计科目分为四个部分：实收资本（股本）、资本公积、盈余公积、未分配利润。其中，盈余公积和未分配利润可统称为"留存收益"。

根据实际情况需要，公司可以将资本公积、盈余公积或未分配利润转增为实收资本，在转增过程中产生的个人所得税需按照国家相关法律法规执行。

在公司将资本公积、盈余公积、未分配利润转增注册为实收资本的过程中，必须不得改变原有股东的持股比例。实收资本增加，对应的每股净资产和每股收益降低。

2.1.3 股权转让

根据《公司法》相关规定，有限责任公司的股权转让和股份有限公司的股份转让情况不同，应分别考虑以下几点。

1. 有限责任公司的股权转让规定

根据《公司法》相关规定，有限责任公司的股东之间可以相互转让自己名下的全部或部分股权，但股东向本公司股东之外的人转让股权则应经过其他股东过半数同意。

股东需将股权转让事宜书面通知其他股东，其他股东自接到书面通知之日起满30日未作答复，视为同意转让。若其他股东半数以上不同意转让，以保护股东个人合法权益的宗旨，不同意的股东应主动购买待转让股权，不购买的视为同意转让。

经半数股东同意转让的股权，在同等条件下其他股东有优先购买权。单独股东主张行使优先购买权的，履行合法手续进行转让操作；有两个及以上股东主张行使优先购买权的，可自行协商确定各自的购买比例，若协商不成，按照转让时各自的出资比例确定购买比例（如公司章程对股权转让另有规定的，以该规定为准）。

2.股份有限公司的股份转让规定

根据《公司法》相关规定，股份有限公司股东持有的股份可以依法自由转让（有法规限制的例外）。

其中，记名股票转让以背书方式或法律、行政法规规定的其他方式实施，转让后由公司将受让人的姓名或名称及地址记载于股东名册；无记名股票转让由股东将预转让股票交付给受让人后即发生法律效力。

注：背书是持票人为将票据权利转让给他人（转让背书）或者将特定的票据权利授予他人行使（非转让背书），而在票据背面粘单上记载有关事项并签字盖章的行为。非转让背书包括"委托收款背书"和"质押背书"。

其中，对于股份有限公司的股份转让还有一些限制：

（1）发起人股份限制。自公司成立之日起一年内，发起人持有的本公司股份不得转让。

（2）转让场所限制。股东转让其股份应在依法设立的证券交易场所进行或者按照国务院规定的其他方式进行（A股上市公司股票必须在上海证券交易所或深圳证券交易所公开交易转让；"新三板"挂牌公司股票应在"全国中小企业股份转让系统"挂牌转让）。

（3）已发行股份限制。公司公开发行前已发行的股份，自公司股票在证券交易所上市交易之日起一年内不得转让。

（4）董事、监事、高级管理人员限制。公司的董事、监事、高管人员在任职期间，每年转让的股份不得超过其所持有的本公司股份总数的25%，且在公司上市交易之日起一年内不得转让所持有的股票，在离职半年内其所持有的本公司股份也不得转让。

2.1.4 股权激励

通过股权激励获得实际股票是当下很常见的方式，可以概括为两种情况：一种是老股转让；另一种是新股增持。

非实际股票被称为"虚拟股票"，也是实施股权激励的一种常用形式。从严格意义上说，虚拟股票并非真正的股票，而是以股权为标的的分红权或未来收益权，无法直接体现持有者的"股东身份"，也难以获得全部的"股东权利"。

股权激励获得股权的对价方式也可以概括为两种，一种需要付出对价，另一种无须付出对价。

注：对价是指一方为获得某种利益或换取另一方做某事的承诺而必须给付对方相应的代价（不限于金钱）。

股权激励就是公司以付出股权为代价换取激励对象努力工作而达到某种经营目的，因此股权激励会附带很多条件，激励对象需要为此付出劳动，用贡献获得相应的股权。

2.1.5 强制执行

《公司法》第七十二条规定："人民法院依照法律规定的强制执行程序转让股东的股权时，应当通知公司及全体股东，其他股东在同等条件下有优先购买权。其他股东自人民法院通知之日起满二十日不行使优先购买权的，视为放弃优先购买权。"

因为股份有限公司可以自由转让股份，所以本规定是针对有限责任公司设置的，需要事先通知公司其他股东，在同等条件下其他股东享有优先购买权，若其他股东主动放弃或期满放弃优先购买权后，方可将强制执行的股权转让给他人。

2.1.6 继承

《公司法》第七十五条规定："自然人股东死亡后，其合法继承人可以继承股东资格；但是，公司章程另有规定的除外。"

本条款包括两层含义：

（1）自然人死亡之后，其合法继承人不仅可以继承其财产，还可以继承股东资格；

（2）公司章程的执行优先性高于《公司法》规定，因此公司章程可以作出特殊限制，排除限制条件内的股东继承人对股东资格的继承。

之所以公司章程具有优先执行性，是因为有限责任公司具有人合性（基于股东之间的相互信任而存在）和资合性（基于股东之间的资本关系而存在）。因此，若仅以《公司法》第七十五条之规定，极易导致四种不利于企业经营的状况：①新老股东之间由于意见不和而产生矛盾或纠纷；②老股东之间可能会对股东继承人的继承有不同意见；③合法继承人的人数较多，突破《公司法》对公司股东人数的限制；④其他一些不确定影响。

2.1.7 赠予

赠予是基于赠予方与受赠方之间一种不涉及交易的自愿行为，只要赠予人具有完全民事行为能力，且是根据自己的真实意愿执行，受赠人表示接受赠予并在合法操作的基础上接受赠予，赠予行为就是有效的。

股权赠予就是赠予人将自己的股权无偿地赠予受赠人，通过这种方式实现财产所有权转移。股权赠予通常会通过法律程序来完成，如签订相应的书面赠予合同等。通过继承或赠予获得股权都无须付出成本或者对价，只需按照涉及的税收法律法规缴纳相应的税费。

2.1.8 离婚财产分割

《中华人民共和国婚姻法》（下文简称《婚姻法》）第十七条规定："夫妻在婚姻关系存续期间所得的下列财产，归夫妻共同所有：（一）工资、奖金；（二）生产、经营的收益；（三）知识产权的收益；（四）继承或赠予所得的财产，但本法第十八条第三项规定的除外；（五）其他应当归共同所有的财产。夫妻对共同所有的财产，有平等的处理权。"

《婚姻法》第十八条规定："有下列情形之一的，为夫妻一方的财产：（一）一方的婚前财产；（二）一方因身体受到伤害获得的医疗费、残疾人生活补助费等费用；（三）遗嘱或赠予合同中确定只归夫或妻一方的财产；（四）一方专用的生活用品；（五）其他应当归一方的财产。"

《婚姻法》第十九条规定："夫妻可以约定婚姻关系存续期间所得的财产以及婚前财产归各自所有、共同所有或部分各自所有、部分共同所有。约定应当采用书面形式。没有约定或约定不明确的，适用本法第十七条、第十八条的规定。夫妻对婚姻关系存续期间所得的财产以及婚前财产的约定，对双方具有约束力。夫妻对婚姻关系存续期间所得的财产约定归各自所有的，夫或妻一方对外所负的债务，第三人知道该约定的，以夫或妻一方所有的财产清偿。"

在2004年4月1日正式实施的《最高人民法院关于适用〈中华人民共和国婚姻法〉若干问题的解释（二）》（下文简称《解释（二）》）中，第十五条规定:"夫妻双方分割共同财产中的股票、债券、投资基金份额等有价证券以及未上市股份有限公司股份时,协商不成或者按市价分配有困难的,人民法院可以根据数量按比例分配。"

《解释(二)》第十六条规定:"人民法院审理离婚案件,涉及分割夫妻共同财产中以一方名义在有限责任公司的出资额,另一方不是该公司股东的,按以下情形分别处理:

(一)夫妻双方协商一致将出资额部分或者全部转让给该股东的配偶,过半数股东同意、其他股东明确表示放弃优先购买权的,该股东的配偶可以成为该公司股东;

(二)夫妻双方就出资额转让份额和转让价格等事项协商一致后,过半数股东不同意转让,但愿意以同等价格购买该出资额的,人民法院可以对转让出资所得财产进行分割。过半数股东不同意转让,也不愿意以同等价格购买该出资额的,视为其同意转让,该股东的配偶可以成为该公司股东。

用于证明前款规定的过半数股东同意的证据,可以是股东会决议,也可以是当事人通过其他合法途径取得的股东的书面声明材料。"

2.2 对于股权载体——公司的正确认知

在商业经营如火如荼的当下,究竟有多少人搞清楚了法人和法定代表人的区别、公司和企业的区别、有限责任公司与股份有限公司的区别?

2.2.1 法人不是法定代表人

1. 法人

"法人"不是人,法人是法律上的人,是组织或机构,是抽象的,没有自主意识的。

《中华人民共和国民法总则》(下文简称《民法总则》)第五十七条规定:"法人是具有民事权利能力和民事行为能力,依法独立享有民事权利和承担民事义务的组织。"

法人的民事权利能力和民事行为能力，从法人成立时产生，到法人终止时消灭。在存续期间，法人以其全部财产独立承担民事责任。

《中华人民共和国民法通则》（下文简称《民法通则》）第三十七条规定："法人应当具备下列条件：（一）依法成立；（二）有必要的财产或者经费；（三）有自己的名称、组织机构和场所；（四）能够独立承担民事责任。"

2. 法定代表人

与法人对应的是自然人。自然人是大自然中的人，就是人类，是具体存在的，有自主意识的。

《民法总则》第六十一条规定："依照法律或者法人章程的规定，代表法人从事民事活动的负责人，为法人的法定代表人。"

《民法通则》第三十八条规定："依照法律或者法人组织章程规定，代表法人行使职权的负责人，是法人的法定代表人。"

正因为如此，法定代表人以法人名义从事的民事活动或因执行职务造成他人损害的，由法人承担民事责任。法人承担民事责任后，依照法律或者法人章程的规定，再向有过错的法定代表人进行追偿。

按照《公司法》相关规定，公司营业执照应当载明公司的名称、住所、注册资本、经营范围、法定代表人姓名等事项。公司法定代表人依照公司章程的规定，由董事长、执行董事或总经理担任，并依法登记。

3. 法人与法定代表人的关系

法人和法定代表人不是一一对应的关系，一个法人有且只有一个法定代表人，但一个自然人可以在多家法人担任法定代表人。

2.2.2 法人的分类

法人可依据《民法总则》与《民法通则》各自划分。

（1）根据《民法总则》的规定，法人被划分为营利法人（以取得利润并分配给股东等出资人为目的成立）、非营利法人（以公益或其他非营利目的成立）、特别法人（机关法人、农村集体经济组织法人、城镇农村的合作经济组织法人、基层群众性自治组织法人等）。

（2）根据《民法通则》的规定，法人被划分为企业法人（符合国家法律规定的资金数额、企业名称、组织机构、公司章程、办公地址等法定条件，能够独立承担民事责任，经主管机关核准登记取得法人资格的社会经济组织）和非企业法人（机关法人、事业单位法人、社团法人等）。

2.2.3 企业不等于公司

根据《公司法》相关规定，公司是依照本法在中国境内设立的有限责任公司和股份有限公司。

公司是企业的法人，有独立的法人财产，享有法人财产权，企业以其全部财产对公司的债务承担责任。因此，公司是企业的一种组织形式。

还有一种非法人组织大量存在于我国的组织形式中，包括个人独资企业、合伙企业、不具有法人资格的专业服务机构等。这些组织虽不具有法人资格，但能依法以自己的名义从事民事活动。其中，合伙企业和个人独资企业等非公司制企业在税收处理等方面具有一些优势，因此普遍存在，企业的概念就是由这样的非法人组织和公司共同组成的。因此，公司只是企业的一部分，也就是说公司一定是企业，但企业不一定是公司。

企业与法人的关系也并非一一对应，一部分企业是法人，如有限责任公司、股份有限公司等；一部分企业不是法人，如合伙企业、个人独资企业等。

2.2.4 公司的形式

从《公司法》的规定得知，我们对于公司的认可形式有两种，一种为有限责任公司，另一种为股份有限公司。其中，一人有限责任公司、国有独资公司属于有限责任公司范畴；上市公司、非上市公众公司属于股份有限公司范畴。

1. 有限责任公司

有限责任公司简称"有限公司"，指由50个（含）以下股东出资设立，每个股东以其所认缴的出资额为限，对公司承担有限责任，法人以其全部资产对公司债务承担全部责任。

（1）一人有限责任公司。一人有限责任公司是股东只有一人，并由该股东持有公司全部出资的有限公司。一人股东可以是自然人，也可以是法人。一个自然人只能设立一个有限责任公司，这种性质的一人有限责任公司也不能投资设立新的一人有限责任公司。一人有限责任公司章程由股东制定，公司不设股东会。

（2）国有独资公司。国有独资公司是由国家单独出资、由国务院或地方人民政府授权本级人民政府国有资产监督管理机构履行出资人职责的有限责任公司。鉴于国有独资公司出资人的特殊性，实施由国有资产监督管理机构履行出资人或股东的义务。因此，国有独资公司是一种特殊的有限责任公司。

2. 股份有限公司

股份有限公司简称"股份公司"，指由两人（含）以上至200人（含）以下为发起人，资本为股份所组成的公司，股东以其认购的股份为限对公司承担责任。

（1）非上市公众公司。根据《非上市公众公司监督管理办法》（中国证券监督管理委员会[第96号]）定义，非上市公众公司是指有下列情形之一且其股票未在证券交易所上市交易的股份有限公司：（一）股票向特定对象发行或者转让导致股东累计超过两百人；（二）股票公开转让。非上市公众公司通常指"全国中小企业股份转让系统"（即"新三板"）挂牌公开转让的股份有限公司。非上市公众公司需要在指定的证券交易场所披露相关信息，因此须遵守《公司法》《中华人民共和国证券法》（下文简称《证券法》）以及相关法律、法规、规范性文件的规定。

（2）上市公司。上市公司是指公司所发行的股票经过有关主管部门批准在证券交易所公开上市交易的股份有限公司。上市公司发行的股票要在证券交易所公开交易，因此须遵守《公司法》《证券法》以及相关法律、法规、规范性文件的规定。

2.2.5 公司的分类

我们已经知道，公司可分为有限责任公司和股份有限公司两种形式，但公司还具有以下几种分类，对公司的经营发展起着积极作用。

1. 母公司与子公司

以公司之间的股权、股份控制或从属关系，将公司分为母公司和子公司。《公司法》第十四条规定："公司可以设立子公司，子公司具有法人资格，依法独立承担民事责任。"

拥有另一个公司一定比例的股权或股份，并能控制另一个公司的公司称为"母公司"，也称"控股公司"。

相对地，被另一个公司拥有一定比例的股权或股份，并被另一个公司控制的公司称为"子公司"，也称"被控股公司"。

母公司与子公司之间的关系如下：

（1）母公司拥有对子公司重大事项的决策权。

（2）母公司对子公司的控制程度以对子公司拥有的股权或股份比例决定。

（3）母公司和子公司是具有重要关联关系的独立法人。

2. 分公司

《公司法》第十四条规定："公司可以设立分公司。设立分公司，应当向公司登记机关申请登记，领取营业执照。分公司不具有法人资格，其民事责任由公司承担。"因此，分公司实质上不能称为公司，只是总公司下属的一个业务经营机构。

分公司具有两个特征：

（1）分公司没有独立法人地位和资格，分公司的名称不具有独立性，分公司也没有独立的公司章程，分公司与总公司是隶属关系。

（2）分公司没有独立的财产，其占有、使用和经营的财产作为总公司的财产而计入总公司的资产负债表中。

3. 公司集团

公司集团是指在一个具有法人地位的集团公司的统一管理之下，由若干个企业或公司组成的经营联合体。因此，公司集团不是法律上的实体，不具有法人资格。

处于整个公司集团投资中心、管理中心、决策中心，处于控制地位的是集团公司。被控制的企业是集团公司的从属企业，可以是股权或股份控制，也可以是非股权或股份关系的投资、协议或其他方式的控制。

4. 关联公司

关联公司是指两个以上公司彼此之间存在直接或间接控制关系，以及可能导致公司利益转移的其他关系（业务关系、项目合作等）的公司。在公司集团中，集团公司与从属公司、从属公司与从属公司之间往往都是关联公司。

2.2.6 有限责任公司与股份有限公司的区别

作为两种不同的公司组织形式，有限责任公司和股份有限公司存在很大差异。对于两种公司性质的认识，有助于企业经营者在不同阶段对公司类型做出合适的选择。

有限责任公司与股份有限公司的差异主要体现在三个层面：公司成立阶段的差异（见表2-1）、组织机构设置的差异（见图2-1）、股权转让过程中的差异（见图2-2）。

表2-1 有限责任公司与股份有限公司在成立阶段的差异

项目	有限责任公司	股份有限公司
设立方式	有限责任公司只能以发起方式设立，公司资本只能由发起人认缴，不得向社会公开募集	股份有限公司可以发起设立或募集设立。发起人认缴公司设立时发行的一部分股份，其余股份向社会公开募集或向特定对象募集
股东人数	有限责任公司的股东人数为50人（含）以下，并允许设立一人有限责任公司	股份有限公司由两人（含）以上200人（含）以下为发起人，其中须有半数（含）以上发起人在中国境内有固定住所
股东出资形式	有限责任公司股东的出资形式为出资证明书（为记名方式），股东以实际出资金额或出资比例行使股权	股份有限公司的股份采取股票形式，股票是公司签发的证明股东所持股份的凭证。股票采用纸面形式或国务院证券监督管理机构规定的其他形式，但上市公司的股票一般为无纸化形式
注册资本最低限制	《公司法》取消了对有限责任公司最低注册资本额和缴纳出资法定期限的要求	《公司法》取消了对股份有限公司最低注册资本额的要求。但对上市公司的最低注册资本额要求以《证券法》第五十条第二款为准："股份有限公司申请股票上市，应当符合：（二）公司股本总额不少于人民币三千万元。"

图2-1 有限责任公司与股份有限公司在组织机构设置上的差异

股份有限公司的股东名下的股票，除法律限制的以外，可以自由转让
股东向股东以外的人转让股票，无须经过其他股东同意，其他股东也无优先购买权
依法在证券交易所上市交易或在证券交易场所挂牌的股票，都可以自由买卖（限售或锁定的除外）

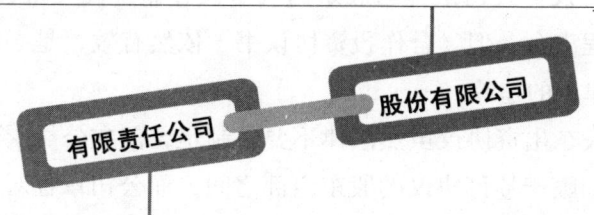

有限责任公司的股东之间，除公司章程另有规定外，可以相互转让其名下的全部或部分股权
股东向股东以外的人转让股权应当经过其他股东过半数同意，在同等条件下，其他股东有优先购买权

图2-2 有限责任公司与股份有限公司在股权转让过程中的差异

2.2.7 股东出资协议与公司章程的关系

《公司法》第十一条规定："设立公司必须依法制定公司章程。公司章程对公司、股东、董事、监事、高级管理人员具有约束力。"

也就是说，公司章程是法律必备的规定公司组织及基本规则的书面文件，可以看作是公司的"根本法"。公司章程中应规定公司名称、地址、经营范围、经营管理制度等事项。

股东出资协议是股东为成立公司而达成的一种协议，就未来的投资、运营和分红达成一种约定，属于运营契约。

股东出资协议的内容除比较基本的有公司名称、地址、注册资本、经营范围、股东出资比例等之外，还必须有出资额、出资方式、出资时间、股东之间的责任等。

公司章程与股东出资协议不是矛盾关系，两者可以共存，也不会相互取代。

曾发生过一起投资双方签订《合作投资协议书》后，其中一方在前期投入到位、公司注册成立的情况下突然决定终止出资，理由是与另一方无法继

续合作。其认为公司成立后，公司章程就代替了《合作投资协议书》，而公司章程中没有约定必须继续出资。

这种情况下，另一方是可以继续要求对方履行出资义务的，因为在双方自愿签订的《合作投资协议书》中并没有法定的无效情形，就应当被认为是合法有效的协议。公司章程与股东出资协议并非替代关系，而是并列关系，虽然公司章程出台，但《合作投资协议书》依然有效，是必须执行的，否则就会构成法律上的违约。

总之，股东出资协议虽然法律不要求制定，但在公司层面必须制定，其法律效力范围限于签订协议的股东内部之间，而公司章程对公司所有人员都具有约束力。即公司章程约束公司本身，股东出资协议则对发起股东的内部权利和义务进行约束。

2.3 创业公司如何设计股权结构

股权结构是公司治理机制的基础，决定了股东结构、股权集中程度以及大股东身份。不同公司股东行使权利的方式与效果的差异就源自不同的股权结构，同时公司治理模式的形成、运作也受股权结构的影响，进而提高公司的绩效。

股权结构的假设应在公司创业阶段就做好，如果暂时无法完全搭建，也应有比较全面的规划。当然，若公司前期未做股权方面的设计，在经营期间也可进行假设，虽然稍晚，但只要操作正确，仍可以取得良好效果。

2.3.1 两个人如何分配股权

两个人联手创立企业，在决定股权架构时，首先考虑的问题就是确定核心股东。通常情况是谁是发起人，谁就是大股东，跟进者就是小股东。但在企业的实际经营中，多种客观原因会让这样简单的划分失效，或者发起人投资额度偏少，或者发起人并不参与经营，或者发起人只是兼职经营，这就使得跟进者与发起人的重要性颠倒了。

在这种情况下，可以考虑给发起人"降档"，让其从发起人变为投资人，成为只投钱不投精力的小股东，跟进者成为大股东。如果发起人确实投入了大量金钱，实在不愿意放弃大股东的身份，可以通过分红约定的方式，让全职投入的跟进者多获得分红收益。不论怎样，只有核心股东与企业的权利和收益之间达到平衡，股权架构才会平稳。

在两人股东的公司中，切记不可以采用如下三种股权分配方式：

（1）50%~50%。在第一章股权分配的死局中曾讲到，股权平分只能引发矛盾和对抗，堪称死局中的死局。

（2）90%~10%。这是另一种股份分配的死局，就是一股独大，不利于小股东发挥积极性，也不利于吸引未来投资者。

（3）65%~35%。乍看起来，这种分配方式较合理，也没平分，也不独大，大股东与小股东应该相安无事了。但现实恰恰相反，在下一章讲到的股权运作"生命线"中，有一条线是34%（安全控制线），股权大于34%的股东就掌握了"一票否决权"。试想，如果大小股东之间有了分歧，调和无效将是怎样的局面——大股东提议，小股东否决，在互相拆台中，公司必将散架。

因此，在以两人为股东的企业中，股权比例设定为一大一小是合理的，具体比例是多少，还应考虑到发起人和跟进者的个人能力、资源优势、精力投入、经验、产品、商标、专利等因素，计算出最合理的比例，确保股权稳定。

2.3.2 夫妻如何分配股权

在以两人为股东的企业中，如果两人是夫妻关系，则应视作一种特殊情况，需要用特殊的方法加以约定。

正常情况下，夫妻间是不会以离婚为目的的，但作为企业经营者也需要做出预防性措施。夫妻双方在设计股权架构时，有两种方案可以参考：一种是由发起人作为股东，明确在公司章程上，配偶一方则不再成为单独股东；另一种是发起人控股，配偶一方作为小股东，避免出现夫妻股权均分的局面。

推荐第二种作为夫妻创业的股权分配的方式，因为第一种虽然对于公司最有利,但对另一方配偶明显不公平。但在采用第二种股权架构时,需加上一些配套条款,体现在公司章程、股东协议中,夫妻双方还有必要签署"婚前财产分配协议""婚内协议"等,以在保障企业股权架构稳定的情况下,尽可能保障夫妻双方共同的利益。

2.3.3 三人以上如何分配股权

合伙创业还有两人以上的多人形式,常见的有三人、四人、五人,六人以上虽然也较为常见,但限于篇幅不做详细介绍,以三人、四人、五人股权设计为参考即可。

无论几人创业,股权架构的基础框架和基本步骤都是一致的:由所有创业参与者协商,参照各自的出资比例、后备资源、劳务贡献等,结合必要步骤进行股权比例分配(见图2-3)。

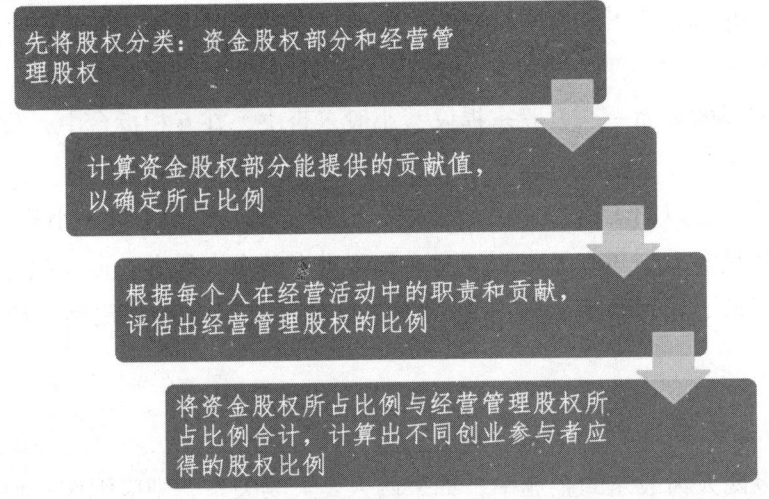

图2-3 股权比例分配方案的参考步骤

具体到不同人数,股权架构比例分配可以参考如下原则:

1. 三人股东

要避免股权均分(33.33%—33.33%—33.33%)和一家独大(如90%—7%—3%)的情形。但类似40%—40%—20%、40%—30%—30%这样的股权结构也不尽合理,因为当第一股东与第二股东发生矛盾时,第三股东就会趁机做大,现实中小股东联合起来排挤大股东或小股东利用特殊股权比例绑架大股东的现象并不罕见。

三人股东比较合理的股权结构是70%—20%—10%、67%—20%—13%等,具体划分要结合实际状况,但首先要保障大股东对企业的控制权(见图2-4)。这样的划分未考虑股权池,即便设定股权池,大股东的控制权也要得到保障。

图2-4　三人股东的股权结构基础原则

2. 四人股东

四人股东仍然要避免股权均分(25%—25%—25%—25%)和一家独大(如90%—4%—3%—3%)的情形,也要避免出现三个小股东的股权数之和足以颠覆大股东对企业控制的情况。

四人股东的股权结构设计应秉持的基础原则是(见图2-5):

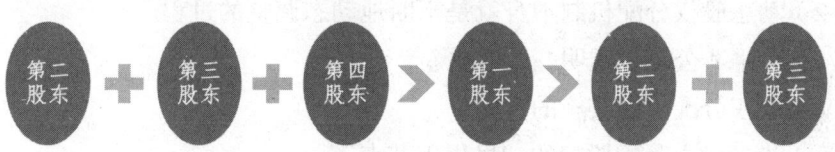

图2-5　四人股东的股权结构基础原则

3. 五人股东

以五人股东创业为例,说明更多股东创业的股权结构问题,首先还是要避免股权均分和一家独大的情形;其次可以借助"54321模式"进行股权分配。

所谓"54321",其中"5"是指五个合伙股东;"4"是指大股东(发起人或创始人或带头人)的股权比例在40%左右(一般控制在34%以上);"3"是指其他联合参与创业股东股权比例相加约在30%;"2"是指在有五个股东以上的创业企业里,建议有两个以上的股东不参与经营决策;"1"是指预留出10%的期权池,提供给未来加入的管理者或股东。

2.4 创业公司的动态股权分配

相对于一步到位的静态股权，动态股权的划分更具灵活性，也更容易兼顾股东的贡献值。所谓动态股权分配，是将股权分配的整次兑现划分为若干次兑现，中间设立"里程碑"，每达到一个可给企业带来实质客观价值的"里程碑节点"时，就进行一次股权分配。

无数次血泪教训证明，过早分配股权、固定分配股权、一次性分配股权都无法适应企业经营过程中的多变性，股权就是利益，在利益划分不得当的情况下，企业经营必将失序。

动态股权分配需遵守三项原则：

（1）企业所有创始股东必须参与，并达成分配共识。

（2）动态股权分配机制本身就是不断地动态调整的过程。

（3）公平、公正、透明、及时更新。

动态股权分配机制实施的步骤：

第1步：设立分配股权的"里程碑节点"。

第2步：分解各个关键环节，制定各股东的贡献价值。

第3步：加入回购机制及执行细节。

第4步：持续记录和重排各股东贡献值。

第5步：将贡献值转变为股权，体现阶段性成果。

第6步：进入下一节点股权分配。

2.4.1 借认缴资本调整股权

注册资本是公司股东对公司债务的承担限度，超过注册资本限额，股东将不再承担，即不能追溯到股东的私人财产，这就是"有限责任"的含义。

注册资本分为实缴资本与认缴资本。从2014年3月1日起，《公司法》将"注册资本实缴登记制"修改为"注册资本认缴登记制"。根据新制度规定,公司股东在公司章程中可自主约定各股东所认缴的出资额、出资方式、出资期限等。

认缴注册的好处是,公司在申请注册登记时,先拟定并承诺注册资金数额,但并不需要将该笔资金缴纳到企业银行账户中,更不需要验资来证明该资金实际是否到位。这样就会使得原本用来衡量一家企业实力和承担债务能力的"实缴资本"不再闲置于账上,而运用到企业的经营过程中。

因此,公司章程需要明确:公司分配红利、新增资本、股东会投票、剩余资产分配,都必须按照"认缴资本的比例"进行。而股权分配的比例也体现在认缴资本的比例上,而非实缴资本比例上。

X公司由A、B、C、D四人创立,四人一致决定认缴注册资本为100万元,并分别出资4万元、3万元、2万元、1万元为实缴资本,认缴资本的出资比例也由四人初始的实缴资本比例决定(见表2-2)。

表2-2　X公司成立时股东的股权比例　　　　　　　　单位:万元

人员组成	实缴资本	认缴资本	按认缴比例(%)
A	4	40	40
B	3	30	30
C	2	20	20
D	1	10	10
合计	10	100	100

在公司正式运作后,A、B、C、D四人分别向公司注入资金5万元、4万元、7万元、5万元。财务上将做增加实缴资本处理(见表2-3)。

表2-3　X公司增资后股东的股权比例　　　　　　　　单位:万元

	实缴资本	认缴资本	按认缴比例(%)
A	4+5=9	40	40
B	3+4=7	30	30
C	2+7=9	20	20
D	1+5=6	10	10
合计	31	100	100

在公司经营一段时间到达第一个"里程碑节点"后,A、B、C、D四位股东的贡献值已经发生了变化,其中C和D分别向公司再增资1万元和3万元,D作为公司的主要经营者和资源贡献者,B是技术贡献者。在这种情况下,就需

要根据各自的总体贡献值比例进行第一次股权分配,股东会需要出具决议对公司章程中四位股东的认缴出资额做相应修改,并做工商变更(见表2-4)。

表2-4　X公司到达第一个"里程碑节点"后的股权比例调整　单位:万元

	实缴资本	认缴资本	按认缴比例(%)
A	4+5=9	20	20
B	3+4=7	30	30
C	2+7+1=10	15	15
D	1+5+3=9	35	35
合计	31+4=35	100	100

在实施完此次股权调整后,四位股东之前累计的贡献值清零,重新开始为下一个里程碑努力。

由此可见,借认缴资本来调整股权比例的方法非常便利,各股东不需要为了调整股权比例专门对企业进行增资,只需做一次工商变更即可。

2.4.2 设立"里程碑节点"

企业发展过程中时刻伴随着风险,顶住每一次风险侵袭,实现突破,就是达到了一个"里程碑",所有参与努力的人都需要获得回报。

Y公司研发一款新型纸尿裤,创业团队成员有三人,两人做产品研发,一人做品牌营销。该公司应该设立怎样的"里程碑节点"呢?(见表2-5)

表2-5　Y公司的"里程碑节点"划分

发展阶段	股东面对的风险	里程碑节点
$L_0 \sim L_1$:产品研发	产品研发失败; 注册失败; 营销失败; 长期亏损;	P_1:产品测试取得成功
$L_1 \sim L_2$:注册拿证	注册失败; 营销失败; 长期亏损;	P_2:获得注册证书
$L_2 \sim L_3$:建立销售网络	营销失败; 长期亏损;	P_3:累计销售收入达1000万元
$L_3 \sim L_4$:实现收支平衡	长期亏损;	P_4:实现盈利

通过表2-5可以看出,加入越早的股东面临的风险越大,而对应的公司的价值也越低。例如,Y公司在$L_0 \sim L_1$阶段要面临四项高风险,且估值仅为100万元,投入1万元就能得到公司1%的股权。当公司发展到了$L_2 \sim L_3$阶段,面临的风险少了两项,估值却增加到500万元,投入1万元仅能得到0.2%的股权。

Y公司在发展至$L_2 \sim L_3$阶段时,引入了一名销售总监作为股东,该总监期望以250万元出资获得股份,会得到多少股份呢?

先来看公司原有三位股东的贡献值,包括他们投入的资金、未领取的工资、拉进来的资源等,分别为100万元、80万元和70万元。三位股东相加是250万元,是不是说新进销售总监一人将会分得公司一半的股权呢?当然不可能,那样等于没付出就享受了老股东的劳动成果。此时,应在新进股东加入的节点上实施分开处理,计算该节点公司的估值、老员工的贡献值,重新设定股权比例。实现不同发展阶段的成果归属于在这个阶段做出贡献的股东,这才是公平合理的。

2.4.3 固定股权切割

每个"里程碑节点"的实现,都需要将贡献值转化为股权,因此股权分配将是多次行为,就需要切割股权,每实现一个"里程碑节点"就转化一块股权。当然,具体切割多少块,需要保留多少股权池,公司在实际操作中视具体情况而定。

Z公司有三位原始股东A、B、C,经过奋斗实现了P_1里程碑节点,为了更好地实现P_2和P_3里程碑节点,以度过高死亡率期,分别引入了D和E。假如到达里程碑节点,各股东的贡献值如表2-6所列。

表2-6 Z公司各股东贡献值　　　　　　　　　　单位:万元

里程碑节点	待分配股权(%)	A	B	C	D	E	合计
P_1贡献值	10	6	3	1			10
P_2贡献值	20	3	3	1	3		10
P_3贡献值	20	4	1	8	9	7	29
P_4贡献值	……	……	……	……	……	……	……

表2-6中，P_1里程碑节点对应的10%股权，只能分配给此前加入的股东（A、B、C三人），后面加入的D和E不享有；P_2里程碑节点对应的20%股权，也只分配给此前加入的股东（A、B、C、D四人），后面加入的E不享有。

具体的股权分配计算，以Z公司P_2里程碑节点的股份计算为例（见表2-7）。

表2-7 Z公司P_2里程碑节点的股权分配计算

	A	B	C	D	待分配股权	合计
实现P_1的贡献值	6万元	3万元	1万元			10万元
实现P_1的贡献值比例	60%	30%	10%			100%
累积分配的股权	6%	3%	1%		10%	10%
工商登记的持股比例	60%	30%	10%			100%
实现P_2的贡献值	3万元	3万元	1万元	3万元		10万元
实现P_2的贡献值比例	30%	30%	10%	30%		100%
第二次分配的股权	6%	6%	2%	6%	20%	20%
累积分配的股权	12%	9%	3%	6%		30%

有一点需要注意，工商登记的只是名义上的股权，公司未分配的股权池可以继续分配，然后到工商部门变更即可。

此时会有人要问，这样做好像永远可以留有剩余股权比例用于切割，也就是公司永远都有股权池用于激励后加入的成员，但股权池越来越小，激励作用能有多大呢？其实，股权池越来越小只是表面上看到的，当公司价值增大后，股权价值也会随之增加，股权池的剩余价值也将增加，现实中经常出现后面分割的股权比例小但所获得利益增多的案例。

2.5 持股平台搭建技巧

搭建持股平台是非上市公司实施股权激励过程中比较常见的操作方式。在本公司之外,以被激励对象作为主要成员,成立一家特殊目的企业持有本公司股权,达到激励对象间接持有本公司股权的目的。

在这种操作模式下,激励对象只会成为持股平台企业的直接股东,根据《公司法》和公司章程在平台企业内行使股东权利。激励对象对于本公司而言只是间接股东,因此无权直接参与本公司的股东会,也不能直接在本公司行使股东权利。而平台公司作为本公司的法人股东,可在本公司行使股东权利。

可见,持股平台的建立实现了让利不让权,既确保激励对象能够共享公司的利润,又防止对本公司的经营决策有任何影响。

2.5.1 有限合伙和有限合伙企业

1. 有限合伙

成立一家由本公司大股东控制的有限责任公司,作为持股平台。然后由本公司转让部分股权给该持股平台,该有限责任公司成为本公司的股东。该平台再将从本公司获得的全部或部分股权转让给激励对象,最终激励对象通过持股平台间接持有了本公司的股权,但无权参与本公司的经营决策。

2. 有限合伙企业

成立一家由本公司大股东控制的有限合伙企业作为持股平台。该有限合伙企业通过增资扩股的方式持有本公司部分股权,持股平台成为本公司的股东。激励对象作为有限合伙人(LP)进入有限合伙企业,得到对应的股权份额,实现激励对象通过有限合伙企业间接持有本公司股权的目的。

但是,激励对象只能担任有限合伙企业的有限合伙人,根据《中华人民共和国合伙企业法》（下文简称《合伙企业法》）的相关规定，有限合伙企业的事务由普通合伙人（GP）管理。

2.5.2 选择有限责任公司还是有限合伙企业

有限责任公司和有限合伙企业都能起到持股平台的作用，但其中仍有差异，具体如下（见表2-8）：

表2-8 有限责任公司和有限合伙企业的对比

	有限责任公司	有限合伙企业
成立基础	公司章程	合伙协议
法人人格	有	无
设立	要求较多	手续简便
人数	50人以下（含）	两人以上（含）50人以下（含），需有一名普通合伙人
组织机构	股东会、董事会、监事会	无强制要求
管理	除非公司章程另有规定，股东会会议由股东按照出资比例行使表决权	普通合伙人执行合伙事务，有限合伙人不执行合伙事务，也不得对外代表合伙企业

2.5.3 母、子、孙、分公司之间的持股关系

母公司与下属分公司、子公司、孙公司之间也可以设计出持股平台与被持股的关系，通常有三种方式。

1. 母公司持股，下属公司不持股

母公司的所有主要高管作为激励对象，只在母公司持股，母公司就成为下级公司的持股平台。比如，华为公司所有高管股东均在母公司持股。这种持股平台模式最简单，在公司有上市需要时不会产生阻碍。

2. 母公司不持股，下属公司持股

激励对象中的大多数在下属的分公司、子公司、孙公司内持股，使得母公司的持股结构更为集中。比如，福星国际董事长郭广昌及其他四位股东控制母公司股权，所有激励对象作为员工所获得的股权都属于不同的子公司、分公司。

但这种持股平台模式相对复杂，若公司有上市需求，母公司需要将当初

通过子公司、分公司、孙公司发放给激励对象的股权置换回母公司持股。股权置换完成后，激励对象虽然还能继续在原先获得激励的子公司、分公司或孙公司获得分红，但在法律层面上的注册股已经被取消了。但从企业的角度看，置换完成后企业也就实现了由母公司控股，上市和随后的股权激励会更加顺利。

3. 上下关系多层持股

股权激励对象不仅在母公司持股，同时也在分公司、子公司或孙公司持股，也就是激励对象出现在不同的持股平台上。

这种多层级持股能够给激励对象带去更充分的回报，而且使得激励对象同时与多个层级公司有了利益和责任绑定。但这种持股平台模式更为复杂，若公司上市同样要进行股权置换，而且因为前期发放给激励对象的股权过于复杂，置换过程也会相对复杂。

2.6 股权置换的操作方法

股权置换是两家或两家以上的企业通过交换股权达到调整企业股权比例、改变企业股本结构、实现企业系统整合的一种股权操作方式。股权置换的结果是实现企业间的交叉持股，目的是为企业引入长期合作伙伴，建立利益关联。

股权置换的操作比较灵活，通常为纯股权交换、股权加实物交换、股权加现金交换。

2.6.1 股权之间置换

企业间只进行股权交换，不涉及实物和现金。优势是因为不涉及任何现金，降低了财务上的风险。通常适用于优势互补的企业之间。

X公司增发新股，Z公司作为Y公司的股东，以其持有的Y公司股份对X公司进行投资，取得X公司增发的新股，而X公司取得Y公司的相应股份（见图2-6）。

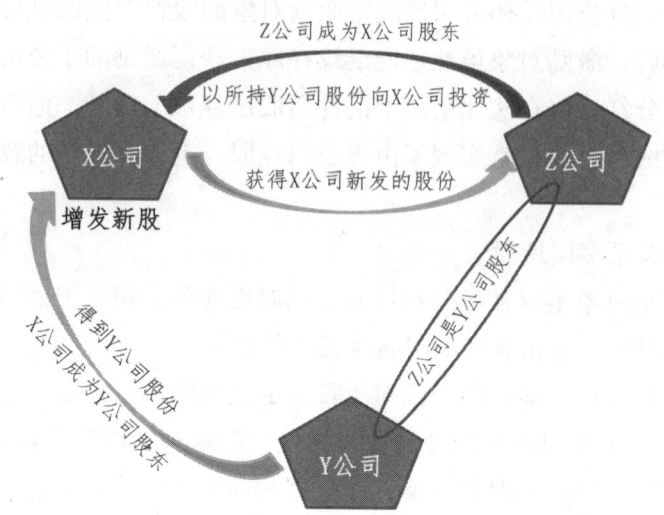

图2-6 股权之间的置换图示

股权之间置换流程如下：

（1）X公司召开股东大会，决议增发新股。

（2）Y公司召开股东大会，对股东Z公司将所持有的Y公司股份投资（或转让）给X公司的意向做出决议，或者Y公司股东放弃优先购买权，同意Z公司将其持有的Y公司股份投资（或转让）给X公司。

（3）Z公司聘请专业评估机构对所持有的Y公司股份进行价值评估。X公司聘请专业评估机构对Z公司持有的Y公司股份进行价值评估。

（4）X公司与Z公司签署《股权转让协议》。

（5）X公司聘请会计师事务所对Y公司股份进行验资。

（6）X公司办理工商变更登记，向Z公司颁发股东出资证明，并将Z公司纳入股东名册。与此同时，Y公司办理工商变更登记，向X公司颁发股东出资证明，并将X公司纳入股东名册。

2.6.2 股权加实物式置换

企业间不只进行股权交换，同时还将实物资产作为股权支付的部分对价。优势是不需支付现金便拥有优质资产，扩大企业规模。通常适用于有优质资产的企业之间。

X公司增发新股，Z公司作为Y公司的股东，以其持有的Y公司股份对

X公司进行投资，取得X公司增发的新股，而X公司取得Y公司的相应股份。同时，Y公司以其部分实物资产对X公司投资，取得X公司增发的新股，成为X公司的股东，X公司相应取得Y公司的部分资产（见图2-7）。

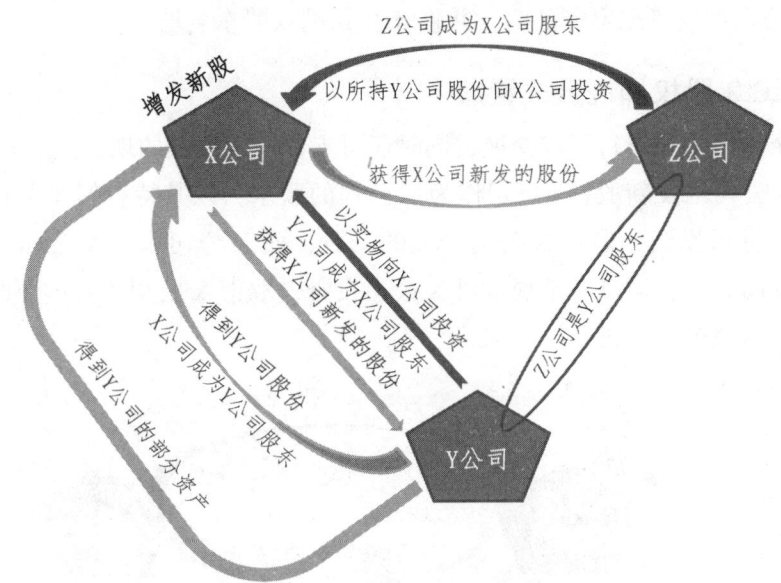

图2-7 股权加实物式置换图示

股权加实物式置换流程如下：

（1）X公司召开股东大会，决议增发新股。

（2）Y公司召开股东大会，对股东Z公司将所持有的Y公司股份投资（或转让）给X公司的意向做出决议，或者Y公司股东放弃优先购买权，同意Z公司将其持有的Y公司股份投资（或转让）给X公司。

（3）Y公司根据公司章程规定召开股东大会或董事会，对Y公司以实物资产向X公司投资事宜做出决议。

（4）Z公司聘请专业评估机构对所持有的Y公司股份进行价值评估。X公司聘请专业评估机构对Z公司持有的Y公司股份进行价值评估。

（5）Y公司聘请专业评估机构对准备投资的实物资产进行资产评估。X公司聘请专业评估机构对Y公司准备投资的实物资产进行资产评估。

（6）X公司与Z公司签署《股权转让协议》。X公司与Y公司签署《增资协议》。

（7）X公司聘请会计师事务所对Y公司股权及所投资的实物资产进行验资。

（8）X公司办理工商变更登记，向Z公司和Y公司颁发股东出资证明，并将Z公司和Y公司纳入股东名册。与此同时，Y公司办理工商变更登记，向X公司颁发股东出资证明，并将X公司纳入股东名册。

2.6.3 股权加现金式置换

企业间不只进行股权交换，同时还可支付一定数额的现金完成置换。

X公司增发新股，Z公司作为Y公司的股东，以其持有的Y公司股份对X公司进行投资，取得X公司增发的新股，而X公司取得Y公司的相应股份。同时，Y公司以一定现金对X公司投资，取得X公司增发的新股，成为X公司的股东（见图2-8）。

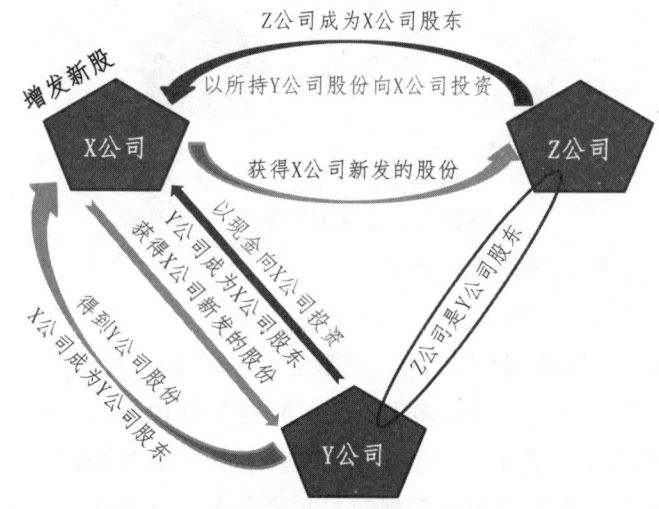

图2-8　股权加现金式置换图示

股权加现金式置换流程如下：

（1）X公司召开股东大会，决议增发新股。

（2）Y公司召开股东大会，对股东Z公司将所持有的Y公司股份投资（或转让）给X公司的意向做出决议，或者Y公司股东放弃优先购买权，同意Z公司将其持有的Y公司股份投资（或转让）给X公司。

（3）Y公司根据公司章程规定召开股东大会或董事会，对Y公司以实物资产向X公司投资事宜做出决议。

（4）Z公司聘请专业评估机构对所持有的Y公司股份进行价值评估。X公司聘请专业评估机构对Z公司持有的Y公司股份进行价值评估。

（5）X公司与Z公司签署《股权转让协议》。X公司与Y公司签署《增资协议》。

（6）X公司聘请会计师事务所对Y公司股权及现金出资进行验资。

（7）X公司办理工商变更登记，向Z公司和Y公司颁发股东出资证明，并将Z公司和Y公司纳入股东名册。与此同时，Y公司办理工商变更登记，向X公司颁发股东出资证明，并将X公司纳入股东名册。

第三章
控制权：股权裂变稳态实现的根基

　　创业难，守业更难。只要与事业相关，这句话就始终适用。现实中不难发现很多创业者难以成功和很多守业者猝然倒下，不是败在产品、市场和人才，而是败在股权纠纷，或者干脆创始人失去了对公司的控制。这令人扼腕叹息！不再有控制权，就谈不上对股权的操作权，所以必须将股权紧抓在手，不能留有一点危险的缝隙。

3.1 解码股权运作"生命线"

股权是动态的,而非静态的,只要对股权实施操作,股权就会发生变化。只有时刻关注和掌控这些变化,股权才不会跳脱掌控成为不受控的"自由身"。

根据《公司法》《证券法》等规定,并根据专业研究,解码了11条对企业最为重要的"生命线",其中的绝对控制线、相对控制线、安全控制线、股权变动线更是"致命线"。企业必须设定股权结构的底线(某一条生命线),绝不可以跌破。

3.1.1 代位诉讼线:1%

当股东持股量达到公司总股本的1%时,就拥有间接的调查权与起诉权。《公司法》第一百五十一条规定:"有限责任公司的股东、股份有限公司连续一百八十日以上单独或者合计持有公司1%以上股份的股东,可以书面请求监事会或者不设监事会的有限责任公司的监事向人民法院提起诉讼。"

代位诉讼发生有三个前提:①董事、高管违法违规损害企业利益;②监事违法违规损害公司利益;③前两项都出现问题,公司股东以自己的名义直接向法院提起诉讼。

这条线也称为"独立董事提议线"和"单个对象股权激励上限"。单独或合并持有上市公司已发行股份1%以上的股东,具有提出独立董事候选人的权利。根据《上市公司股权激励管理办法》的规定,非经股东大会特别决议批准,任何一名激励对象通过全部有效的股权激励计划获授的本公司股票,累积不得超过本公司总股本的1%。

3.1.2 股东减持线:2%

根据《关于发布〈上海证券交易所上市公司股东及董事、监事、高级管理人员减持股份实施细则〉的通知》（上证发[2017]24号）的规定，大股东减持或者特定股东减持采取大宗交易方式的，在任意连续90日内，减持股份的总数不得超过公司总股本的2%。

《上海证券交易所科创板股票上市规则》中，科创板上市公司在公司上市时未盈利的，在公司实现盈利前，控股股东、实际控制人，自公司股票上市之日起三个完整会计年度内，不得减持首发前股份；自公司股票上市之日起第四个会计年度和第五个会计年度内，每年减持的首发前股份不得超过公司总股本的2%。

3.1.3 临时提案线：3%

《公司法》第一百零二条规定："单独或者合计持有公司3%以上股份的股东，可以在股东大会召开十日前提出临时提案并书面提交董事会。董事会应在收到提案后两日内通知其他股东，并将该临时提案提交股东大会审议。临时提案的内容应属于股东大会职权范围，并有明确议题和具体决议事项。"

也就是说，当股东拥有的股份达到3%时，就拥有临时提案的资格和权利。提案对公司股东大会的召开有着相当大的作用，是必须得到解决的。

3.1.4 股权变动线：5%

这是一条非常重要的股权线，持股比例达到5%以上的股东被称为"重要股东"，之所以"重要"有如下原因：

（1）重大股权变动警示线。为防止大户操纵股价，保护中小股东利益，《证券法》规定，当投资者持有（通过协议、其他安排与他人共同持有）一个上市公司已发行股份的5%时，应在该事实发生之日起三日内，向国务院证券监督管理机构、证券交易所作出书面报告，通知该上市公司并予以公告。可见，5%的持股量如同一道看不见的红线，当投资者所持该上市公司已发行股份比例每增加或者减少5%，应当依照规定进行公告。公告后二日内，不得再行买卖该上市公司的股票。这种行为在业内称为"举牌"。

（2）短线交易认定线。《证券法》第四十七条规定："上市公司董事、监事、高级管理人员、持有上市公司股份5%以上的股东，将其持有的该公司的股票在买入后六个月内卖出，或者在卖出后六个月内又买入，由此所得收益归该公司所有，公司董事会应当收回其所得收益。但是，证券公司因包销购入售后剩余股票而持有5%以上股份的，卖出该股票不受六个月时间限制。"这种时间跨度不足六个月的交易称为"短线交易"，受限的是持股达到5%的股东。

（3）股东披露线。《上市公司大股东、董监高减持股份的若干规定》中，上市公司大股东计划通过证券交易所集中竞价交易减持股份，应当在首次卖出的十五个交易日前向证券交易所报告，并预先披露减持计划。减持计划实施完毕后，也应向证券交易所报告，并予公告；在预先披露的减持时间区间内，未实施减持或者减持计划未实施完毕的，应当在减持时间区间届满后的两个交易日内向证券交易所报告，并予公告。

（4）外资备案线。外资投资的上市公司在外资持股比例累积超过5%时，就外资投资者的基本信息和股权变更事项办理备案。

3.1.5 申请解散线：10%

申请解散线能起到的作用非常多，也非常重要，大致分为四种类型：

1. 申请解散公司权线

当企业持股较多的股东因为各种矛盾引发"股东僵局"时，企业运转势必受到影响，此时若不彻底解决问题，小股东的利益将遭受损失。因此，《公司法》赋予小股东自我拯救的权利，即单独（一人）或合计（多人）持有公司股东表决权10%以上，就可以向法院立案申请解散公司。

2. 召开临时股东大会权线

与上一条类似，当单独（一人）或合计（多人）持有公司股东表决权10%以上时，就有请求召开临时股东大会或召开董事会临时会议的权利，并拥有提出质疑、调查、起诉、清算、解散公司的诉权。因此，在设计股权架构、做股权激励、引进投资方时，要避免出现某个利益小团体的持股超过10%。

3. 权益变动报告线

如果投资者及其一致行动人通过协议方式、竞价方式等，拥有了10%的"新三板"公司已发行的股份，应在该事实发生之日起两日内，编制"权益变动报告书"并进行披露，同时送报"全国中小企业股份转让系统"。而且要求自该事实发生之日起至披露的两日内,不得再行买卖该"新三板"公司的股票。

4. 激励总量控制线

除科创板公司外,上市公司全部有效的股权激励计划所涉及的标的股票总数累积不得超过公司总股本的 10%。

在此基础上还有三种作用:

(1) 股份回购最高线。公司回购股份时如有下列三种情形则公司合计持有的本公司股份数不得超过公司总股本的 10%,并应在三年内转让或注销:①将股份用于员工持股计划或股权激励;②将股份用于转换上市公司发行的可转换为股票的公司债券;③为维护公司价值及股东权益的必需行为。

(2) 子公司关联方认定线。根据《上海证券交易所上市公司关联交易实施指引》的规定,法人、自然人或其他组织持有对上市公司具有重要影响的控股子公司 10% 以上股份,可能会导致上市公司利益向该子公司倾斜,该子公司将被认定为上市公司的关联方。

(3) 特别表决权股东限制线。如果上市公司实施 AB 股制度,具有特别表决权的股东在公司中拥有的股份合计应当达到公司全部已发行的有表决权股份的 10% 以上。

3.1.6 重大影响线:20%

重大影响线是一条比较复杂的股权线,能起到四种作用:

(1) "成本法"与"权益法"的界限。根据《企业会计准则》的相关规定,当股东持股比例低于 20% 时,则投资方对被投资公司不形成重大影响,以"成本法"对该项投资进行会计核算;当股东持股比例超过 20% 但低于 50% 时,则被认为对被投资公司有重大影响,要求以"权益法"对投资进行会计核算。

(2) 权益变动的报告界限。投资者与其"一致行动人"(通过签署一致行动人协议确定)拥有的股份达到或超过一家上市公司已发行股份的 20% 但低于 30%,应当编制《详式权益变动报告书》并进行披露。

(3) 重大同业竞争警示界限。上市公司的控股股东或实际控制人所从事的其他业务或控制的其他企业,与本企业所从事的业务相近,甚至同类,双方遂形成间接或直接竞争关系。对于这方面法律上没有明确的规定，但在具体操作时，通常以 20% 的股权关系作为重大同业竞争警示线。

（4）科创板激励的上限。科创板上市公司全部有效的股权激励计划所涉及的标的股票总数，累积不得超过公司总股本的 20%。

3.1.7 外资待遇线：25%

在中外合资经营的企业中，外资合营者的投资比例不得低于 25%。外资投资者在并购后，所设外商投资企业的注册资本中，出资比例需高于 25%。达到这个标准后，该企业才可享受外商投资企业待遇。

这条线也称为"首发公众股比线"。企业申请在 A 股上市，基本的条件是要满足公司股本总额不低于人民币 3000 万元，以及公开发行的股份需要达到公司股份总数的 25% 以上（当公司股本总额超过人民币 4 亿元，公开发行的股份只需达到公司股份总数的 10% 即可）。

3.1.8 要约收购线：30%

如果上市公司股东的持股量达到 30%，其想控制企业就需要加大持股占比。但是，《证券法》与《上市公司收购管理办法》都有规定：收购人持有一个上市公司的股份达到该公司已发行股份的 30% 时，继续增持股份的应当采取要约方式进行，发出全面要约或者部分要约。

也就是说，收购人要向公司所有股东发出通知，表明自己的收购意图，还要向被收购公司发出收购的公告，待被收购公司确认后，方可实行收购行为。

这条线也称为"实际控制认定线"。根据《全国中小企业股份转让系统挂牌公司信息披露细则（试行）》的规定，当实际支配"新三板"公司股份表决权超过 30% 时，将被认定为拥有"新三板"挂牌公司的控制权。

3.1.9 安全控制线：34%

这条控制线与 67% 的绝对控制线对立存在，如果说掌握 67% 的股权等于拿到了"一票通过权"，那么掌握了 34% 的股权就等于掌握了"一票否决权"。

因为当股东持股达到 34% 时，其持股量就超过了 1/3，余下的股权加起来最多只有66%，即便这66%由一个人持有，都无法达到绝对控制线标准，即无法实行"一票通过权"。因此，当某一位股东的持股量或者其能控制的持股量达到34%，就形成了"安全性控股"或者叫"否决性控股"。

正因为如此，企业想要通过某项重大事宜，必须争取持股达34%股东的同意，若是否定票达到34%，重大事宜就无法通过。

3.1.10 相对控制线：51%

相对控制线的股东被称为"控股股东"。与"绝对"是相对的，即股东持有51%的股权并不意味着拥有绝对话语权。

根据《公司法》第二百一十六条第二款规定："（二）控股股东，是指其出资额占有限责任公司资本总额50%以上或者其持有的股份占股份有限公司股本总额50%以上的股东；出资额或者持有股份的比例虽然不足50%，但依其出资额或者持有的股份所享有的表决权已足以对股东会、股东大会的决议产生重大影响的股东。"

当股东持股"过半数"，对企业的重大决策有表决权，可以对企业形成控制。比如，聘请独立董事、选举董事、董事长，聘请审议机构，聘请会计师事务所，聘请或解聘总经理等。但从法律层面上来说，51%只是具有相对控制权，若是涉及重大事项，比如增资、减资或企业解散、注销等，持股51%并没有决定的权利，需要股东会/大会投票决策。

3.1.11 绝对控制线：67%

这是所有股权线中，对股权掌握最稳定的一条，也称为"重大事项通过线"。

当企业出现重大重组、重大担保、修改公司章程、减少或增加注册资本、公司合并、公司分立、公司解散、变更公司，或者在一年内购买、出售重大资产的，应当由股东大会做出决议，并经出席会议的股东所持表决权2/3以上通过。

《公司法》第一百零三条："股东大会作出决议，必须经出席会议的股东所持表决权过半数通过。但是，股东大会作出修改公司章程、增加或者减少注册资本的决议，以及公司合并、分立、解散或者变更公司形式的决议，必须经出席会议的股东所持表决权的三分之二以上通过。"

也就是说，当股东持股比例达到67%，就等于拥有了"一票通过权"，对企业重大决策的表决形成绝对控制，与100%的持股效力相同。

但在具体实行时需注意几个问题：

（1）"三分之二"转换成百分比，不只是67%，还可以是66.7%、66.67%、66.667%等。

（2）"经出席会议的股东所持表决权的三分之二以上通过"，那么"以上"是否包含本数（67%、66.7%、66.67%等）？依据《中华人民共和国民法通则》第一百五十条中规定的，"以上""以下""以内"包含本数，"以外""不满"不包含本数。

（3）《公司法》第四十二条："但是，公司章程另有规定的除外。"公司章程可自行约定一个比例，规定不按出资比例行使表决权。

3.2 引发股权战争的隐患

任何事情，只要涉及控制权，就会引发争夺战，而且必将有胜利方与失败方。对于股权控制权的争夺犹如一部部商业大片，上演着各种戏码，各种失控与控制，各种控制与反控制。最终，在一次次惨痛代价之后，人们逐渐总结出一些必须防范的错误和必须排除的隐患。防患于未然，只有认识危险，接近危险，控制危险，才能最终消灭危险。当然，能够引发股权之战的危险有很多，限于篇幅有限，我们介绍其中隐秘性最强、迷惑性最大、杀伤力最大的几种隐患。

3.2.1 股东出资有瑕疵

公司注册资本，是指公司出资人依法缴纳的作为公司承担责任的保证资本。拥有注册资本是公司成立的必备条件，但如果出资过程中存在瑕疵，就会给债权人造成利益损害。

X公司从事化工原材料的生产销售，随着业务扩展与Y公司形成合作关系。X公司负责人A要求Y公司支付30%的款项作为定金，达成协议后两家公司签订买卖合同，并规定其余款项在Y公司收到货物后10个工作日内一次性付清。

定金到位后，X公司交付货物。但Y公司在收到货物后却迟迟不予支付其余款项。在反复交涉无果的情况下，X公司选择诉诸法律。随着调查深入发现，Y公司没有多余资产可供执行。而Y公司股东出资情况也令人绝望，虽然是由D与E两个人出资设立，D是以房价作价后出资的，但其房产并未过户到公司名下，某会计师事务所将未过户的房产作为D的出资予以验资。而这套房产早在一年前就被D出售了，D名下也没有其他有价值的财产可供执行。

虽然《公司法》鼓励出资多样性，但绝不允许股东用欺诈手段。以非现金方式出资的，股东应当依法办理财产权的转移手续，如不办理则应当认定股东没有支付相应对价取得公司股权。因此，这类瑕疵出资的股东需要承担相应的法律责任。

此外，股东未履行出资义务的，债权人有权要求股东在未出资本息范围内，对公司债务不能清偿的部分承担补充赔偿责任。结合本案例，D应该在其出缴的注册资金范围内承担补充赔偿责任。

3.2.2 股东随意撤资和抽逃出资

A与B两人合伙创办公司，约定A占股60%，B占股40%。公司经营一段时间后，业务进展比较顺利，又引入了C，股权结构调整为A占45%，B占25%，C占30%。但自此以后经营逐渐陷入困境，公司一直处于亏损中，B找到大股东A希望撤资。

该案例发生的情况是很多创业企业的常见情景，创立时雄心万丈，解散时一团乱麻。那么，B是否可以提出撤资？A有没有资格同意，并退钱给B呢？

《公司法》第三十五条规定："公司成立后，股东不得抽逃资金。"也就是说，任何人都没有随意撤资与同意他人撤资的权利。《公司法》这样规定是对公司合法经营和债权人权利的一种保护。如果允许公司股东随意撤资，公司经营将无法稳定。因此，任何人随意撤资或允许他人撤资都将涉嫌抽逃出资，不仅公司将面临巨额罚款，股东个人也要承担法律责任。

但出资入股也不是绑定行为，有四种方式可以实现合法撤资：

（1）通过股权转让的方式，将自己的股权转让给其他股东或股东以外的第三人。

（2）通过减资的形式完成撤资，但因涉及减少公司注册资本，必须履行议事程序和表决程序，还要进行公告，通知债权人等。

（3）在达到一定条件的情况下（企业要求和个人要求），股东可以要求公司回购其股份。

（4）在公司破产后，通过清算将公司财产进行回收，但这种方法的启用就意味着公司濒临死亡。

3.2.3 隐名股东的危机

隐名股东是指为了规避法律政策或出于某些原因，借用他人名义设立公司或者以他人名义出资，但在公司章程、股东名册和工商登记中却记载为他人的出资人。为隐名股东代持股份的股东称为"名义股东"。与此相对应的是显名股东，是指记载于工商登记资料上而没有实际出资的股东，也称为"挂名股东"。

名义股东不享有实质权利，由股权产生的所有分红及管理权均属于隐名股东。

在现实经营中，股权的实际出资人和名义出资不一致的情况很常见，根据《公司法》规定，股权代持协议只要不违反法律的强制规定，都是有效的。采取隐名股东的好处是：通过股权代持协议解决公司成立之初股权频繁变更的麻烦，避免工商登记的频繁变动。但这一方式带来的直接弊端就是名义股东擅自处理股权。

A在某公司出资，但出于某些私人原因找到B为其代持，并签订股权代持协议。没想到一年后，在A不知情的情况下，B将其代持的股份全部转让给 C，该行为还经过其他股东同意。这种情况下，A 还有机会拿回自己的股份吗？

这就要看 C 是不是善意取得，如果是善意取得，则可以认定转让行为合法有效。

我国公司采取股权公示制度，以工商局登记、股东名册、公司章程对外产生法律责任，在隐名股东不知情的情况下，名义股东将代持股份处分给买受人，并经过其他股东同意，这种情况下买受人构成善意取得，此时隐名股东只能追究名义股东的违约行为。

《最高人民法院关于适用〈中华人民共和国公司法〉若干问题的规定（三）》第二十四条规定："有限责任公司的实际出资人与名义出资人订立合同，约定由实际出资人出资并享有投资权益，以名义出资人为名义股东，实际出资人与名义股东对该合同效力发生争议的，如无合同法第五十二条规定的情形，人民法院应当认定该合同有效。

前款规定的实际出资人与名义股东因投资权益的归属发生争议，实际出资人以其实际履行了出资义务为由向名义股东主张权利的，人民法院应予支持。名义股东以公司股东名册记载、公司登记机关登记为由否认实际出资人权利的，人民法院不予支持。

实际出资人未经公司其他股东半数以上同意，请求公司变更股东、签发出资证明书、记载于股东名册、记载于公司章程并办理公司登记机关登记的，人民法院不予支持。"

还有一种情况是，名义股东与买受人恶意串通。如果隐名股东有证据证明名义股东和买受人恶意串通，则可以请求判令名义股东与买受人之间的股权转让合同无效，由买受人返还股权。

正因为隐名股东形式危机重重，在采取这种形式时一定保护好自己的合法权益，下面提供几点建议（见图 3-1）：

图3-1 隐名股东的自我保护措施

3.2.4 股东/合伙人之间矛盾不可调和

某公司的股东有两人，A与B，分别占股60%与40%。A为公司的法定代表人及执行董事，B为公司监事。但公司创立不到一年，两人因为经营理念的不和就引发矛盾，其后数年间B一边隐忍，一边尝试各种办法解散公司，但A均不接受，还将B排除在管理层外。公司也连续三年不召开股东会。

根据《公司法》规定，持股超过10%就有权向法院申请解散公司。直接提出这样的方法，是在结合该公司现状后得出的。公司已三年未召开股东会，即便召开因为股东只有他们两人，依然无法做出决策依据，可见公司内部机制已无法正常运转，即便尚未出现亏损，也已经到了"经营管理发生严重困难"的程度，股东投资公司的目的无法达到，已符合解散条件。

《公司法》第一百八十条规定："公司因下列原因解散：（一）公司章程规定的营业期限届满或者公司章程规定的其他解散事由出现；（二）股东会或者股东大会决议解散；（三）因公司合并或者分立需要解散；（四）依法被吊销营业执照、责令关闭或者被撤销；（五）人民法院依照本法第一百八十二条的规定予以解散。"

《公司法》第一百八十二条规定:"公司经营管理发生严重困难,继续存续会使股东利益受到重大损失,通过其他途径不能解决的,持有公司全部股东表决权10%以上的股东,可以请求人民法院解散公司。"

需要注意一点,"公司经营管理发生严重困难"不应片面理解为资金困难、严重亏损,主要侧重于公司在管理方面是否存在严重的内部障碍,如股东会机制失灵等。

3.2.5 大股东恶意控制公司

获得回报是投资者最为关心的,然而利字当头总是避免不了有些人做出不符合规则的事,比如有的公司大股东恶意欺瞒不分红,损害小股东利润分配权。

案例1:

某公司由A与B两人合伙创立,A占股70%,B占股30%。双方签订了《股权合作协议书》后,B支付了约定的出资金额。但在经营中,A只是声称公司效益不错,但从没有向B分红。B数次问及股份和分红,A均闪烁其词,逃避应履行的责任。

案例2:

D与其他股东共同出资成立了一家高科技公司,其中D占股8%,公司大股东为F,实际负责人也是F。公司成立后发展良好,连续拿下几个大项目,盈利颇丰。但公司从未向D等小股东通报过实际经营状况和财务状况。连续两年小股东都未能拿到分红,D向公司提出召开股东会的提议也石沉大海。

上述两个案例只是现实中的代表,这种情况非常常见。作为利益被侵害的一方,B和D一样,都可以主张自己的权益。

股东分红权行使的前提是必须确定公司有利润可供分配,且符合公司的决策规则。《公司法》规定,股东会审议批准公司的利润分配方案,分配利润属于公司自治范围。如果利益尚处于不确定状态,股东与公司未形成红利分配的债务债权关系,法院不予强制分配利润。

虽然法院不会介入公司的内部自治,也不会干涉正常的分红环节,但如果公司长期不召开股东会，公司获得盈利也不予分配，大股东恶意控制公司，这种损害小股东利益的行为会触发法院的介入。

当然，股东的起诉是有限制的，股东只有代为诉讼权，需先请求董事会或监事会提起诉讼，如董事会、监事会不同意，股东则不能提起诉讼。

3.2.6 股东私自转让股权

在公司经营过程中，股东想要转让股份的情况并不少见，有的股东会依法通知其他股东，有的股东则不会，或者是罔顾法纪，或者是忽略法规，自行将股份转让给企业以外的第三人。

某公司由A、B、C三人出资创立，其中A占股55%，B占股25%，C占股20%，A为公司的法定代表人和董事长。经营满三年时，效益开始下滑，C决定将自己的股份卖掉，并联系到了买受人D，双方谈妥价格并签订《股权转让协议》后，C才电话告知A与B。A劝说C不要退出，C表示一定要退出。A又提出要和B优先购买C的股份，C也不同意。那么，A的要求是否合理？

《公司法》赋予股东三项基本权利：表决权、否决权、优先购买权。优先购买权就是股东在同等条件下可以优先从其他股东手中购买股权的权利。

有限责任公司股东要想进行股权转让，必须经过其他过半数股东同意。结合本案例，其他两位股东不同意C转让股份，则其与D签署的《股权转让协议》是无效的，自然就无法完成股权变更。

但是，第三人D并不是一点权利都没有。《股权转让协议》是其与出让股权的股东C自愿签订的，D并不清楚C与公司其他股东之间的关系和协定，因此该《股权转让协议》虽然无效但已经成立，而且在C与D之间形成了法律效力。此时，D虽然没能得到股权，但可以根据签署的《股权转让协议》要求C进行赔偿。

3.2.7 夫妻一方转移、隐匿股权

随着社会的发展，夫妻共有财产不仅包括存款、不动产、车辆，还有股

权。在婚姻存续期间，夫妻一人或二人在公司中占有股权，除非有夫妻财产协议进行约定，否则无论股权登记在谁名下，均属于夫妻共有。

在婚姻不能继续需要离婚时，对于夫妻共有财产的分割就会出现比较复杂的局面。因为双方感情已经破裂，其中一方私自转移财产、隐匿财产的情况也时有发生。

A女士与B先生于2009年结婚，婚后二人斥资成立一家物流公司，后因资金和经营需要又引入了C先生。其中，B先生占股45%，A女士占股25%，C先生占股30%，由B先生担任公司法定代表人和董事长。

2012年，A女士因怀孕从公司经营管理层退出，并依法将自己持有的股份转让给丈夫。五年后，B先生出现婚外恋，A女士挽救婚姻不成，提出离婚。2017年12月，A女士向法院提交离婚起诉书，但在法庭上B先生出示的工商登记材料显示，其已在三个月前将股份转让给自己的父亲，并办理了工商变更登记。

A女士认为，自己起诉离婚后，丈夫转让股份的行为属于恶意转移财产，她准备向法院申请撤销丈夫与其父签订的《股权转让协议》。

面对这样的案件，受害方可以向法院申请撤销得利方私自签订的《股权转让协议》。因为夫妻关系存续期间的财产属于夫妻共同财产，对夫妻共同财产的处分属于夫妻之间的重大事项，应取得夫妻双方的一致意见。

《最高人民法院关于适用〈中华人民共和国婚姻法〉若干问题的解释（一）》第十七条规定："婚姻法第十七条关于'夫或妻对夫妻共同所有的财产，有平等的处理权'的规定，应当理解为：

（一）夫或妻在处理夫妻共同财产上的权利是平等的。因日常生活需要而处理夫妻共同财产的，任何一方均有权决定。

（二）夫或妻非因日常生活需要对夫妻共同财产做重要处理决定，夫妻双方应当平等协商，取得一致意见。他人有理由相信其为夫妻双方共同意思表示的，另一方不得以不同意或不知道为由对抗善意第三人。"

结合本案例，B先生在婚姻存续期间擅自处分股权的行为属于效力待定行为，即以妻子A女士是否同意来判定。案例中，A女士明确表示不同意丈夫单方处分股权，则该股权转让行为属于无权处分。而且，在B先生转让股权期间，其父知道夫妻即将离婚的概率很大，也就不符合善意第三人身份，因此B先生与其父的股权转让行为属于恶意串通，损害了A女士的合法利益，该《股权转让协议》无效。

《中华人民共和国合同法》（下文简称《合同法》）第五十二条规定："有下列情形之一的，合同无效：（一）一方以欺诈、胁迫的手段订立合同，损害国家利益；（二）恶意串通，损害国家、集体或者第三人利益；（三）以合法形式掩盖非法目的；（四）损害社会公共利益；（五）违反法律、行政法规的强制性规定。"

《婚姻法》第四十七条规定："离婚时，一方隐藏、转移、变卖、毁损夫妻共同财产，或伪造债务企图侵占另一方财产的，分割夫妻共同财产时，对隐藏、转移、变卖、毁损夫妻共同财产或伪造债务的一方，可以少分或不分。离婚后，另一方发现有上述行为的，可以向人民法院提起诉讼，请求再次分割夫妻共同财产。人民法院对前款规定的妨害民事诉讼的行为，依照民事诉讼法的规定予以制裁。"

3.2.8 大股东发生意外

X公司于15年前由A、B、C、D四人共同创立，A为企业大股东，持股67%，并担任公司法定代表人和董事长。但在一次交通意外中，A不幸离世。小A是A的独子，今年22岁，刚刚大学毕业。在其母明确表示放弃股权继承资格后，小A找到B、C、D三人，提出继承父亲的股份和职务，希望公司予以协助。但B、C、D三人认为小A太年轻不足以担起公司重任，提出分期兑现给小A现金以收购其大部分股份的建议。

《公司法》第七十五条规定："自然人股东死亡后，其合法继承人可以继承股东资格；但是，公司章程另有规定的除外。"

只要A股东在公司的出资额系生前合法财产，应当被认定为遗产，股东在公司的股东资格自然由其法定继承人继承。法律这样规定的初衷是考虑以人为主，被继承人作为公司股东，对公司做出贡献，其法定继承人理应享有股东资格，这也符合我国传统。但还需有一个前提，就是公司章程中对继承事宜没有特别约定，那么继承发生后，小A自然就获得了股权延伸出的财产权、管理权等，即使其他股东反对也无法改变继承的事实。

《最高人民法院关于适用〈中华人民共和国公司法〉若干问题的解释（四）》第十六条规定："有限责任公司的自然人股东因继承发生变化时，其他股东主张依据公司法第七十一条第三款规定行使优先购买权的，人民法院不予支持，但公司章程另有规定或者全体股东另有约定的除外。"

3.3 公司的"三会一层"决策机构

"三会一层"决策机构的组成是由股东会/大会、董事会、监事会和高级管理层组成的议事管理规则，每层都有各自的职责和运作机制，对企业的整体运转起着不同的作用。

3.3.1 股东会与股东大会的职责与运作机制

股东会和股东大会都是公司的最高组织机构，职能、功能也基本相同。股东会是有限责任公司的最高组织机构，股东大会是股份有限公司的最高组织机构。因为有限责任公司的股东人数较少，其全部股东召开的会议称为股东会。股份有限公司的股东人数相比有限责任公司要多（两百人以下），全体股东召开的会议称为股东大会。

股份有限公司不是每一位股东都会参与到公司的经营决策中，因此采取所有权与经营权分离的方式，由董事会作为公司业务的经营决策机构，负责公司的经营管理。虽然部分股东并不直接参与公司管理，但作为股东对公司享有最终所有权，因此可以通过一定机制行使其权利，这就是股东大会形成的原因。

股东会与股东大会的一些共同职能如下（见图3-2）。

同时，《公司法》第一百条规定："股东大会应当每年召开一次年会。有下列情形之一的，应当在两个月内召开临时股东大会：（一）董事人数不足本法规定人数或者公司章程所定人数的三分之二时;(二)公司未弥补的亏损达实收股本总额三分之一时;(三)单独或者合计持有公司百分之十以上股份的股东请求时;(四)董事会认为必要时;(五)监事会提议召开时;(六)公司章程规定的其他情形。"

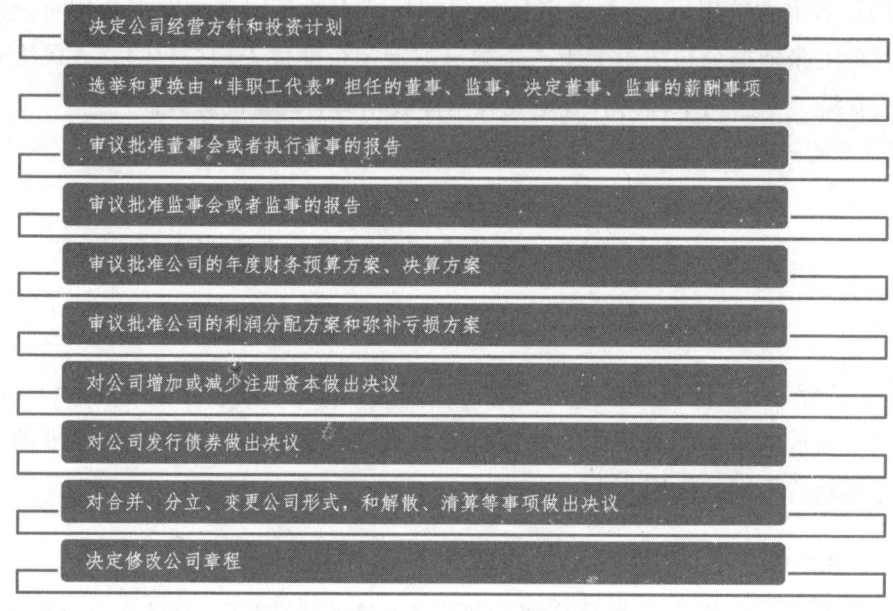

图3-2 股东会/大会的共同职能

3.3.2 董事会与执行董事的职责与运作机制

董事会是由董事组成的,由股东会/大会选举而成的,对内掌管公司事务,对外代表公司执行经营决策。

公司设立董事会,对具体职权范围《公司法》第四十六条进行了明确规定:"董事会对股东会负责,行使下列职权:(一)召集股东会会议,并向股东会报告工作;(二)执行股东会的决议;(三)决定公司的经营计划和投资方案;(四)制订公司的年度财务预算方案、决算方案;(五)制订公司的利润分配方案和弥补亏损方案;(六)制订公司增加或者减少注册资本以及发行公司债券的方案;(七)制订公司合并、分立、解散或者变更公司形式的方案;(八)决定公司内部管理机构的设置;(九)决定聘任或者解聘公司经理及其报酬事项,并根据经理的提名决定聘任或者解聘公司副经理、财务负责人及其报酬事项；（十）制定公司的基本管理制度；（十一）公司章程规定的其他职权。"

此外，还有执行董事和非执行董事的区别，两者是相对的。执行董事也称为"积极董事"，是本身作为董事参与企业的经营，在董事会内部接受委任担当具体岗位职务，并就该职务负有专业责任的董事。

《公司法》第五十条规定："股东人数较少或者规模较小的有限责任公司，可以设一名执行董事，不设董事会。执行董事可以兼任公司经理。执行董事的职权由公司章程规定。"因此，在规模较小的有限责任公司不设立董事会的情况下，设立的负责公司经营管理的职务，就是执行董事。执行董事可以兼任公司经理。

《公司法》第十三条规定："公司法定代表人依照公司章程的规定，由董事长、执行董事或者经理担任，并依法登记。"因此，如果公司设立执行董事，可以在章程中规定由该执行董事担任公司法定代表人。

3.3.3 监事会的职责与运作机制

监事会是由股东会／大会选举的监事，以及由公司职工民主选举的监事共同组成的，是对公司的业务活动进行监督和检查的法定必设机构。

设立监事会的根本目的是防止董事会、经理滥用职权，损害公司和其他股东利益。对于监事会的法律规定参考《公司法》第五十一条和第一百一十七条。

《公司法》第五十一条规定："有限责任公司设监事会，其成员不得少于三人。股东人数较少或者规模较小的有限责任公司，可以设一至二名监事，不设监事会。监事会应当包括股东代表和适当比例的公司职工代表，其中职工代表的比例不得低于三分之一，具体比例由公司章程规定。监事会中的职工代表由公司职工通过职工代表大会、职工大会或者其他形式民主选举产生。监事会设主席一人，由全体监事过半数选举产生。监事会主席召集和主持监事会会议；监事会主席不能履行职务或者不履行职务的，由半数以上监事共同推举一名监事召集和主持监事会会议。董事、高级管理人员不得兼任监事。"

《公司法》第一百一十七条规定："股份有限公司设监事会，其成员不得少于三人。监事会应当包括股东代表和适当比例的公司职工代表,其中职工代表的比例不得低于三分之一,具体比例由公司章程规定。监事会中的职工代表由公司职工通过职工代表大会、职工大会或者其他形式民主选举产生。监事会设主席一人,可以设副主席。监事会主席和副主席由全体监事过半数选举产生。监事会主席召集和主持监事会会议;监事会主席不能履行职务或者不履行职务的,由监事会副主席召集和主持监事会会议;监事会副主席不能履行职务或者不履行职务的,由半数以上监事共同推举一名监事召集和主持监事会会议。董事、高级管理人员不得兼任监事。本法第五十二条关于有限责任公司监事任期的规定,适用于股份有限公司监事。"

监事会的主要职责范围如下(见图3-3):

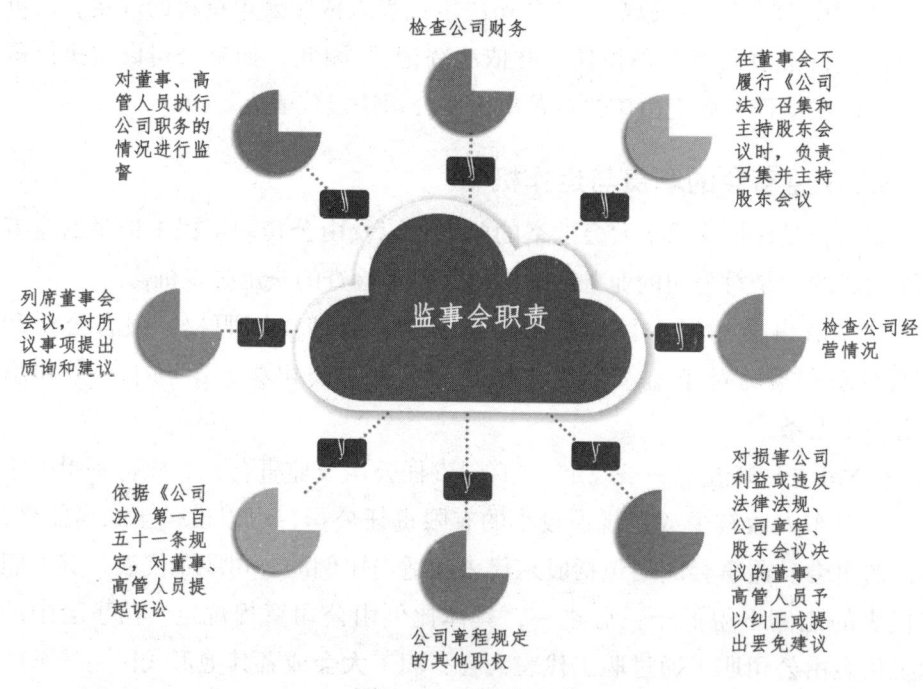

图3-3 监事会职责

3.4 六招彻底锁死控制权

任何企业管理者都应该明白,企业做大做强了后,会有很多人惦记,要时刻保持警惕,慎记企业四周内外永远是危机四伏的,对企业控制权的捍卫一刻也不能松懈,需要做好准备,尤其是对股权的掌控。能锁死就一下锁死,不给他人留机会。

3.4.1 双层股权结构

双层股权结构也称为"二元股权结构""双重股权制",是一种通过分离现金流和控制权对公司实行有效控制的手段。这种股权结构的核心是同股不同权,与同股同权对立。

在这种股权结构下,企业可以发行具有不同级别表决权的两类股票,一类股票的表决权级别高,另一类股票的表决权级别低,因此创始人和管理层可以获得比采用"同股同权"股权结构下更多的表决权。

某公司上市后采用双层股权结构,将股票分为A、B两类。向外部投资人公开发行A类股,每股只有一票的投票权;向内部管理层发行B类股,每股有10票的投票权。如果该公司发行的股票一共1000万股,其中A类股800万股,B类股200万股。管理层持有B类股,其他投资机构和股东持有A类股。那么,A类股一共有800万投票权,而B类股则有2000万投票权,优势相当明显。

因此,这种股权结构的好处就是,即使只持有少数B类股的创始人和管理层,就算失去多数股权,也能继续掌控公司。但这种"同股不同权"仅适用于表决权,与股票的所有权、收益权、分红权不发生关系,每股的价值不变。

3.4.2 投票权委托

投票权委托又称"表决权代理",企业的部分股东通过协议约定,自愿将其所拥有的投票权委托给其他特定股东行使,这个特定的股东往往是企业的创始人。

京东集团在发行上市前,施行过一次"投票权委托",共有11家京东的投资人与刘强东签署协议,自愿将其所有的投票权委托给刘强东行使。这就使得刘强东凭借持有不到20%的股份控制了京东过半投票权。

软银和雅虎是阿里巴巴的两大机构投资者,两家合计将超过50%的投票权委托给马云行使。所以,马云在占股仅有8.7%的情况下却拥有了阿里巴巴超过60%的表决权。

可见,当企业引入投资人的时候,创始人首先应该考虑股权被逐渐稀释后自己如何掌权的问题。在自己的股权占比被稀释到2/3以下之前,创始人就必须做好准备,制定出相应的策略。借助投票权委托的形式,即便股权被稀释了也不要紧,只要投票权握在手中,同样可以行使管理权和决策权。

3.4.3 签署《一致行动人协议》

《一致行动人协议》是在实施"一致行动人"的基础上签署的。所谓一致行动人,指投资者通过协议、其他安排,与其他投资者共同控制其所能够支配的一个上市公司股份表决权数量的行为。

一致行动人还分狭义和广义两种,狭义的一致行动人是指在上市公司收购过程中,联合起来收购一个目标公司股份,并就收购事项达成协议的两个以上的人,也称为"联合收购人";广义上的一致行动人不仅包括联合收购人,还包括在证券交易和股东投票权行使过程中采取共同行动的人。对于企业控制权的掌握是广义上的一致行动人。

某公司经过数轮融资后的持股情况是,任何单个股东持有的股份均未超过总股本的30%,因此不能单独对公司的决策形成决定性影响。为了维持对公司的共同控制,同时也能保证控制权的稳定性和重大决策的一致性,公司的五位联合创始人共同签署了《一致行动人协议》，共掌公司 60.26% 的股份。

签署这种《一致行动人协议》，目的就是针对创始人团队分散，对外不能形成绝对优势的状况。但在签署《一致行动人协议》后，创始团队依靠共同掌握的总股权比例，就能对投资人的股权比例形成制衡性优势。

同时，创始团队的股东签署《一致行动人协议》集中表决权，还要在协议中明确当"一致行动人"内部无法达成一致，那么最终以某一创始股东的意见为准。通过这种安排，实现了创始股东的实际控制权。

3.4.4 股权与表决权脱钩

一般情况下，股权与表决权是相关联的，每股都有相对应的投票权，即便是在双层股权结构的公司，表决权级别低的股票只有一票投票权，而表决权级别高的股票有 10 票投票权，但也是对应关系。但在非常规情况下，股权与表决权可以脱开关系，将表决权单列出来，进行数量上的定义。

某公司在进行过三轮股权融资后，创始人的股权比例逐步缩减到 30% 以下。如果按照正常的以股权划定权利，该创始人已经不具备对公司的决策权。但根据公司章程规定，公司赋予创始人 70% 的表决权比例，因此该创始人仍然掌控着公司的控制权。

之所以这样的权利赋予被允许，是因为法律上有相关规定，可以根据公司章程的约定重新定义表决权！《公司法》第四十二条规定："股东会会议由股东按照出资比例行使表决权；但是，公司章程另有规定的除外。"

也就说，法律虽有规定，但公司制定的章程却占据优先级别。因此，通过公司章程的设计，实际上表决权是可以与出资比例脱钩的，即赋予创始人特定比例的表决权。

3.4.5 管理层收购

管理层收购又称"经营层融资收购"，企业管理层利用高负债融资购买本公司的股权，从而改变企业的所有者结构、控制权结构和资产结构，达到对企业的控制和重组的目的，并可以获得超常收益。

上海帝联信息科技股份有限公司（下文简称帝联科技）在2012年12月实施管理层收购。"北京电信通工程有限公司"将其持有的帝联科技的1800万股份全部转让给"上海峥捷信息科技有限公司"。帝联科技的实际控制人由杨学平、陈玉茹变更为康凯。变更前康凯为帝联科技的总经理，变更后职位未变，管理层与所有者实现了统一。

与一般的企业买卖和资产重组强调收益权和资本运营的增值不同，管理层收购还强调控制权、共享权和剩余价值索偿权，更多时候对企业控制权更为在意。

3.4.6 修订公司章程

保护企业经营者权益的不是只有法律，还有自行制定的章程。毕竟各公司的现状都不同，统一的法律不能帮助所有的经营者。但如果公司章程在制定时仍然有漏洞怎么办？当然是修改公司章程，将漏洞堵住。

某公司决定修改公司章程，在原章程的第二十六条第一款中增加"公司董事、监事、高级管理人员在离职后半年内，不得转让其所持有的本公司股份"的内容。

该公司通过修改公司章程，对公司高层人员离职后可能的转股行为进行了限制，保证公司的股份不会因高层人员的人事调动在短时间内发生剧烈变化，这有利于稳定控股股东掌握公司的控制权。

同时，还可以通过修改公司章程增加外部竞争者的收购难度和时间成本，进而确保经营者对企业的实际控制权。比如，在公司章程中对股东的界定增加"连续持股时间需要达到十二个月以上才有提案权和投票权"等限制，限制新增股东的提案权与投票权，从而降低敌意收购的风险。

第四章
股权激励：
点燃个体能量，裂变从内部发动

著名财经作家吴晓波认为：创业和股权投资大概是唯一能够跟得上资产泡沫的两个通道。其实这是分析宏观层面后得出的结论，对于微观个体而言，获得股权等于获得更多的报偿与未来财富的机会。这种激励作用一触即发，只要正确开启必将获得巨大能量。

4.1 股权激励的核心作用

股权激励在降低企业人力成本、促进企业机制变革、满足企业经营需要、提升企业品牌影响方面有着重要的作用，进而实现完善公司法人治理结构、增强企业凝聚力和市场影响力、提高企业经营水平与业绩、保护企业利益及股东利益等目的。

4.1.1 降低企业人力成本

企业的生存发展，离不开人才的支撑，人才是企业发展的源泉和动力。可是人才的现状永远是"不仅贵，而且缺"，所以有远见的企业不仅要在经营上下足功夫，还要持续打"人才战"。

争夺人才必须付出代价，这个代价就是经济利益，要让人才得到相应的报偿。所有人都知道"一分钱一货"的道理，有分量的人才就要付出有分量的代价。但是，一味地提高薪金报酬，就一定会导致人力资本的提高。

某公司为了招揽一位人才加入，开出了高于其他同类公司60%的薪水，福利也很有吸引力。人才很快就位，但后续引发的事情让公司经营者有些措手不及。因为这样的工资待遇引发了其他员工的不满，想要安抚众人的情绪，也需要在待遇上提高一些。企业的人力成本在很短的时间内翻了一倍，但起到的效果却并不如意，大家还是有种种不满。

这就是现实，想招揽人才的企业吃不消，对人才不感冒的企业人才荒。导致这一切发生的根本原因是没有找到合适的方法。想给人才提高待遇就只能靠涨工资、增加福利吗？其实，这种依靠"工资制度+福利待遇"留住人才的方式收效不大。因为只能起到短期的激励作用，时间长了员工的工作动力必然下降。

更好的方法则是实施长期有效的股权激励，有条件地给予激励对象部分股东权益，使得激励对象与企业结成利益共同体，激励对象有了认同感和归属感，才能心甘情愿地、主动自觉地努力工作，为企业带来更好的收益，实现企业发展的长期目标。

4.1.2 促进企业机制变革

随着时代的不断变革，商业经营的模式也要变革，而企业经营模式的变革势必会带动企业运作机制的变革。但这种变革是被动的，是被时代裹挟着、不得不向前迈动的"假变革"。以"假"开启，就不会得到"真"结果，这种被动变革的企业通常都会因变革的仓促、变革的不到位、变革的不彻底而失败。就像摩托罗拉、柯达、雷曼兄弟，这些曾经的商界大鳄，最后败给了自己的故步自封。

因此，企业的变革一定要是主动性的，所谓"敌变我变，敌不变我也变"，快人一步先做变革。既然想掌握主动性，就需要知道哪种"武器"可以帮到我们，如今世界上认可的"武器"就是股权激励，能够让原本死水般的企业机制重新活跃起来。

世界知名经济周刊《经济学人》在几年前做过一次世界范围的调查，得出了实施股权激励企业与尚未实施股权激励企业的各项对比值（见表4-1）。

表4-1　实施股权激励企业与未实施股权激励企业的对比

对比项目	已实施股权激励企业	未实施股权激励企业
员工活跃度	4～5分	2～4分
员工对工作和企业的认可度	5分	1～4分
机制的可调整性	5分	2～3分
企业对外部资源的吸引力	4～5分	2～4分
企业成长性	4～5分	1～3分

注：①此表5分为最高，1分为最低，不设0分；
②此表对已实施股权激励企业的采样以正确性为基础，股权实施不正确与未实施视为同等，不具有参考价值；
③此表对未实施股权激励企业的采样以成长性良好为基础，成长性不好的不做参考。

通过表4-1看出，已实施股权激励企业的评分起点较高，说明股权激励在某种程度上带动了企业发展；而未实施股权激励企业的评分起点较低，且跨度较大，说明企业的发展与经营者的能力成正比。

4.1.3 满足企业经营需要

曾经是渠道为王，只要产品好就能打开渠道，只要有渠道产品就能畅销，这不是"先有鸡还是先有蛋"的问题，而是两者并立共存共生。

但如今越来越多的企业已经变自己经营渠道为借助渠道，这就需要在经营中改变策略，从"风雨一肩挑"到"众人划桨开大船"。那么，你有什么资本让别人主动帮你开大船呢？

股权激励就是资本之一，利用股权能整合上游和下游，与各级供应商和代理商形成捆绑关系。时尚品牌百丽就是借助股权激励的模式，整合所需资源，满足企业经营需要。

百丽的核心价值是品牌，没有自己的工厂，甚至没有研发能力，但通过推出的一系列支持、返利和配股政策，形成了固定的上、下游产业链。股东们除了享受高额的利润之外，还会享受到股票增值的分红收益和企业估值增加的未来收益。

不管企业处于产业链的哪一段，都不要让企业处于孤立地位，而是要融入产业链中，并尽可能地延长产业链的长度，以扩大企业的辐射面。

4.1.4 提升企业品牌影响

看到这个标题有人或许要问：股权激励跟企业品牌之间有什么联系？

在回答这个问题之前，先来看看一家企业的价值是由什么来决定的。曾经，企业拼的是利润，利润指标就能衡量企业的成功指数，因此当时的企业经营者都非常注重对企业有形资产的经营，包括如今享誉全球的华为、海尔、格力等企业，都曾经是利润至上的拥趸。

但在股权时代的当下，企业拼的已经不仅是看得见的利润，还有看不见的估值。如今提到企业价值，衡量的标准是企业估值。在企业估值中，以利润为代表的有形资产只占一小部分，更多的是无形资产。比如，一些企业的品牌价值就是其最大的无形资产，如香奈儿、轩尼诗、奔驰、宜家等，就是品牌具有超级价值的体现。

想要打造企业品牌价值，最终离不开人才的加持，苹果公司失去了乔布斯就走向衰落，乔布斯回归又很快崛起。想要人才安心留下，提供一定的股份是必需的，将人才的现在与企业绑定，等于为企业赢得了未来。

说到这里，我们就能明白股权激励与企业品牌之间的关系了。归根结底，股权激励是为了留住人，在提升企业的价值所需的一切条件中，人是根本。

4.2 股权激励设计要点

谈到股权激励，首先就要明白股权激励的几大要点，定人、定量、定时、定价、定条件、定来源、定退出，可以概括为"7D 原则"。

4.2.1 确定激励对象

确定激励对象也是确定一种筛选标准。为避免因静态定人存在利益固化、激励不公的缺陷，企业在设计股权激励方案时需要采用兼具公平与适时调整的动态定人思路，保证所确定的人选符合"标准准确，动态调整"的原则。

股权激励确定激励对象可以采用四种方式：

（1）按激励对象类型分类确定，如企业创始人、加盟合伙人、高级管理人员等。

（2）按激励对象类型交叉确定。如以"精英骨干＋创业元老"进行结合，全符合者为激励核心，符合一半者为激励后备梯队，不符合者不享受激励。

（3）按岗位价值，通过登记分层确定。如依据"员工能力档案""员工工作档案"、人岗匹配程度等计分累积计算。

（4）按对企业过去与未来发展的价值确定。如与企业价值观高度相符的人、对企业未来发展至关重要的人、对企业发展做出过重大贡献的人。

至于在股权激励方案的设计中选择哪一种更为合适，需要依据具体商业环境和企业自身特点来确定。

4.2.2 确定激励额度

确定激励额度就是确定激励数量,可分为两个方面:①确定股权激励方案中用于激励股份的总量;②确定股权激励方案中给予个人激励的个量。

1. 股权激励总量的确定需要考虑的因素

(1)考虑企业大股东的控制权和意愿。实施股权激励会导致现有股东的股权被稀释,权利也要有一定让渡。如果企业大股东对企业的控制权不够,势必会导致企业内部的权力斗争,在这种情况下希望股东们具有分享精神是不现实的。

(2)企业规模和发展阶段。处于发展阶段的企业,应适当加大股权激励总量,增加落实到激励对象的金额数,才能产生激励效果。发展到较大规模的企业,应缩减股权激励总量,因为此时企业体量大,虽然激励总量小,但落实到每个激励对象的金额并不少,能够产生有效激励。

(3)业绩目标的难易程度。业绩目标的完成度取决于员工能力和目标难易程度,如果业绩目标难度较高,激励力度应适当加大,刺激激励对象去实现,激励总额必然增加;如果业绩目标难度较低,激励力度就要降低,激励总额度也将减少。

(4)企业整体薪酬水平。通常与实施股权激励的总量成反比,如果企业的整体薪酬水平比同行业其他企业偏高,激励总量可以少一些;如果企业的整体薪酬水平比同行业其他企业偏低,激励总量就需要多一些。

(5)激励人数和激励对象的期望值。分为四种情况考虑(见图4-1)。

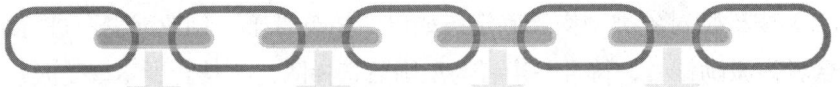

激励对象较多 但期望值不高	激励对象较多 且期望值较高	激励对象较少 但期望值较高	激励对象较少 且期望值不高
激励总量控制在正常水平之下一点	激励总量付出应大幅提高,但需控制上限封顶	激励总量付出应相对提高,但应控制上限	激励总量付出接近最低点,但应保持在底线之上

图4-1 激励人数和期望值的关系

2. 股权激励个量的确定需要考虑的因素

（1）岗位因素。要对岗位在企业中的影响范围、职责大小、工作难度和强度、任职条件进行综合评价，以确定各种岗位在企业中的贡献价值。我们推荐"岗位分类法""海氏岗位价值评估法""IPE 岗位价值评估法"等。

（2）个人因素。对企业人员的价值评估应参考多个维度，如价值观认同度、历史绩效、工作能力、责任心、工龄等。具体有三个步骤：①选定对企业最重要的几项评估因素；②对各个因素赋予相对应的权重；③通过数据的录入和处理计算出个体的加权得分，作为个人因素的最终得分。

（3）绩效因素。决定了激励对象获得的股权最终可行权的数量。绩效指标通常由企业级指标达成率（营业收入、净利润、净资产收益率等）、部门级指标达成率、个人级指标达成率三项组成。

4.2.3 确定激励时限

实施股权激励计划需要确定激励时间。这个时间不只是股权授予时间，而且是整个激励过程中各个环节的时间设定。

从激励对象开始获得股票或期权之日起，到结束股票或期权锁定的日期，被称为"有效期"。激励对象在有效期内创造好业绩，到期后通过考核，有权得到属于自己的收益。

某公司实施限制性股票的激励计划，有效期的起始日是限制性股票授予之日，结束日是激励对象获得的限制性股票全部解锁或回购注销之日，时长为 48 个月。其间划分出了第一解锁时间，设定二级起始日和结束日，分别是：自首次授予日起满一年后的首个交易日，首次授予日起两年内的最后一个交易日，此次解除限售比例是 40%。

授予日是起始日期，即企业授予激励对象股权行为的实际发生日期。

解锁日是结束日期，激励对象在规定时间内通过企业考核后，就可以解锁股权，行使自己的权利。

一份详细的股权计划不仅包括授予日和解锁日，还包括等待期、行权期、失效日和有效期，统称为"三日三期"（见图 4-2）。

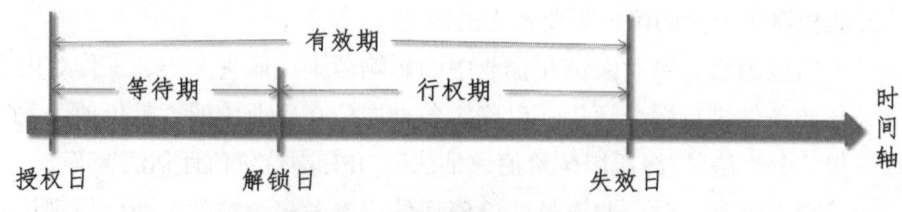

图4-2 股权激励授予时间轴

除上述已介绍的有效期、授予日和解锁日之外,还有等待期、行权期和失效日。

(1)等待期:等待期也称为"锁定期",激励对象获得股票或期权后,需要等待一段时间才能行权。

(2)行权期:等待期结束后,激励对象按事先约定一次性或逐步行权。可行权的第一天也称为"可行权日",从可行权日至行权期结束之日这段时间就是行权期。

(3)失效日:在股权激励合同中必须明确规划有效期,股权激励必须也只能在有效期内执行,超过该期限,激励计划自动作废。

4.2.4 确定激励价格

在股权激励方案中必须确定授予激励对象股票的每股价格。首先要确定企业价值,其次要确定每股价格,最后确定购买方式。此外,若希望制定的价格更科学合理,在定价过程中需要遵守三个原则(见图4-3)。

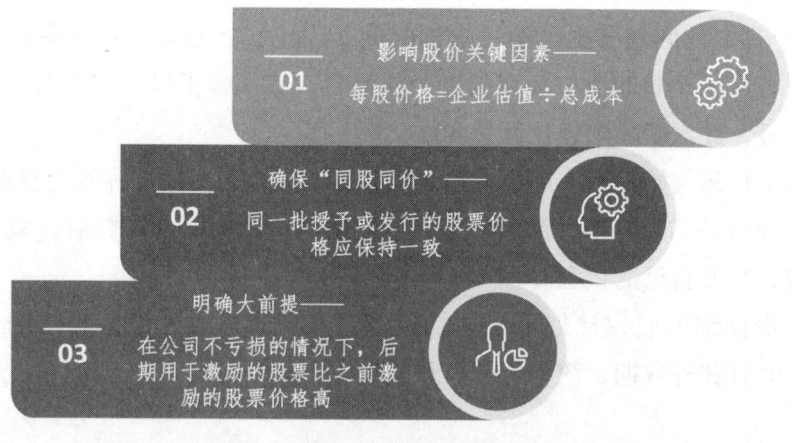

图4-3 股权激励确定价格的原则

在具体定价过程中，一般会通过对企业估值、定价、付款三个方面进行思考，以确定具体价格。

（1）企业估值方面：①基于企业资产可采取账面价值法、资产评估法估值；②基于企业收益可采用现金流折现法、PE估值法估值；③基于企业产品/服务的市场可采取市场交易类比法进行估值。

（2）定价方面：需要结合全盘，考虑企业特点或者企业投资收益来确定授予价格。

（3）付款方式方面：借鉴实缴出资、分期付款等方式，具体方式应与企业整体特点相匹配。

4.2.5 确定激励条件

在股权激励方案的设计中，必须确定激励对象的考核条件。如果企业整体业绩条件未达标，则所有激励对象不得行权或解锁获益；如果企业业绩已达标，则所有激励对象满足了行权或解锁的条件之一者，再根据个人业绩条件确定是否满足考核要求（激励对象个人业绩与授予比例挂钩）。也就是说，激励对象条件的限制应分为企业条件与个人条件两项分别判定（见图4-4）。

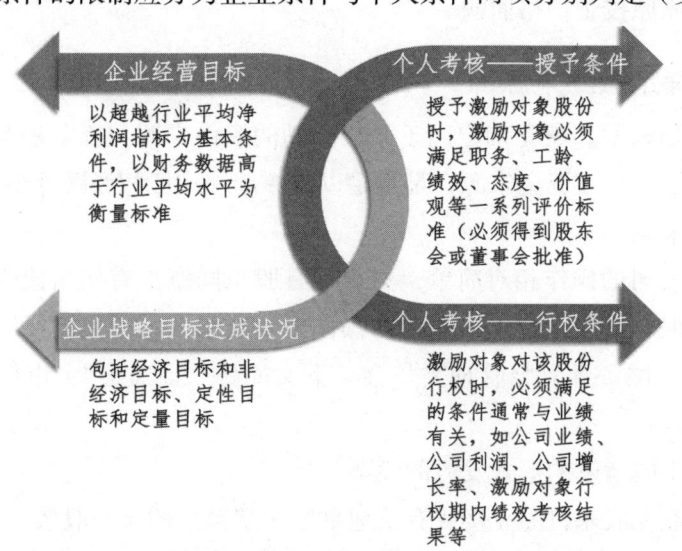

图4-4 股权激励条件限制中的企业条件与个人条件

问题一：当激励对象业绩达到条件要求后，是否可以立即拿到股权激励的分红？

答：不可以，还需经过股份锁定期的限制。比如上市公司或"新三板"挂牌公司，在获得以内部低价买入股票的资格后，必须经过一个锁定期才能真正行使权利。

这样做的好处有两点：①如果公司上市，用于激励的股票均来自增发所得，价格很低，若条件满足后立即行权，势必会影响公司股票在市场上的价格。②在锁定期也可以对公司未来的成长性做进一步期盼，员工希望与公司一同成长的意愿会更大，可以提升激励效果。

问题二：若激励对象的业绩或企业业绩达不到行权条件，应该怎样做？

答：当期的股权激励计划不能实行，这部分股权激励计划的标的股票应由企业进行注销或按照原授予的价格予以回购。

问题三：若激励对象业绩和企业业绩都达到了行权条件，但未及时行权，应该怎样做？

答：激励对象未在行权期内全部行权，企业本着对员工负责的态度，应该及时处理此股权遗留状况，方法仍然是将激励对象未行权部分的股权进行注销或者按照原授予价格回购。

4.2.6 确定激励来源

所谓激励来源，就是确定用于股权激励的股份来源和资金来源。没有合理合法的大宗股份或资金来源，是不足以支撑起一次股权激励计划的。

1. 股份来源

非上市公司的操作相对简单，只需现有股东同意，有偿出让或无偿让出一部分企业股票即可。已上市企业的操作要复杂很多，不仅需要股东大会审批，还需要中国证券监督管理委员会（下文简称"证监会"）审核，来源主要有四种形式：

（1）以定向增发的形式发行的股票。

（2）企业大股东自愿无偿或有偿地拿出一定数量的企业股票。

（3）企业使用资金（用于激励的营业利润或通过融资等方式获得的资金）从二级市场上直接购买企业股票。

（4）在符合法律法规的前提下，企业采取的其他方式获得的企业的股票。

2. 资金来源

非上市公司用于股权激励的股票是股东让出，因此不存在资金来源的问题。上市公司用于股权激励所用的资金必须注明来源，通常有四种。

（1）激励对象的薪酬：用激励对象的部分工资和奖金购买企业股票用以激励。

（2）激励对象直接出资：激励对象以自有资金购买企业股票，公司则以有偿的形式将股票或期权以优惠价格卖给激励对象。

（3）分红抵扣：可以用公司的部分分红资金，也可以用拥有公司股票期权的激励对象拿到的分红资金，以公司的名义回购二级市场上的企业股票。

（4）企业资助：此种情况出现得比较少，公司或激励对象用其他企业资助的资金来购买激励股票或期权。

证监会对相关的股权激励的资金来源限制有明文规定："上市公司不得为激励对象提供融资和融资担保。"

4.2.7 确定退出规则

股权激励还需制定详细的退出规则，包括制定不同情况下的退出条件，以及正常合理的退出价格。

1. 直接退出

若激励对象出现严重错误，触发了激励协议中错误范围的界限，已不再适合继续享受股权激励，企业可无偿收回对该激励对象的期权，激励对象即可被清出。适用于通过期权或代持股方式对员工开展股权激励的企业，因为员工并未真正拥有公司股权，也无须激励对象配合便可直接收回股权。

2. 股权回购

对于普通激励对象，企业可支付一定金额，用以回购此前实施某种激励方式承诺给予激励对象的股权（激励对象达到考核条件）。

对于企业创始人股东，需要在股权划分协议中特别明确两点：①若离职股东不愿意出让股权，必须承担高额违约金；②约定较长的股权转让价款期限（起始一年至几年），以免其他合伙人股东在短时间内面临较大的现金压力。

在书面约定有保障的情况下，如果某位创始人股东申请离开，就可以依照约定做出相关处理：①该创始人股东未成熟兑现的股权，或者无偿赠予公司其他创始人股东，或者其他创始人股东以极低的价格（比如1元）购买；②对于该创始人股东已成熟兑现的股权，其他创始人股东可以按照划分股权时约定的回购价格收购。

3. 股权成熟

通常股权采用按年成熟的模式，而股权是否成熟可以直观判定股权是否正式由股权所有人所有。

A、B、C三人合伙创业，股权比例是1∶3∶6。根据划分股权时的书面约定，股权成熟期为四年：每人的股份都均分为四份，每过一年成熟25%，四年期满后全部成熟。

一年后A决定退出，其手上持有的10%公司股份需要妥善处理。A的股份只成熟了1/4，即2.5%，将由B和C按照事先约定的金额回购。A不再对余下的不成熟的7.5%股份有任何权利，既可以直接分配给B和C（分配比例二人协商），也可以不同的价格按公平的方式给B和C，以便将来重新找新合伙人代替A的位置。

4. 退出价格

对于已上市公司或在交易市场挂牌的公司，股价可以直接通过市场体现，且使用股票进行套现较为容易。

对于非上市公司，无法通过资本市场确定股价，可以参考下列几种方式：

（1）以退出股权激励时最近一次财务报告上的公司净资产价格作为定价基础。此方案评估成本最低，但对员工最为不利。因此，要有一定比例的溢价，因为企业回购了员工手中未来的收益权。

（2）引进第三方机构对公司价值进行评估，以评估价作为定价基础。本方案最为公正，但成本最高。

（3）以退出股权激励时最近一次的公司融资估值作为定价基础。本方案基本没有评估成本，对员工最有利，但考虑到未来预期的溢价，对公司最不公平。因此，按照融资估值定价需有一定折扣，因为估值代表着企业未来一段时间的价格。

（4）约定一个固定的金额或者固定的价格计算方式。本方案没有评估成本，更利于价格的确定，但对于未来的变化存在争议。

（5）以原来的购买价格为基础，并按年利率溢价作为定价基础。本方案没有评估成本，但对于溢价的幅度会产生争议。比如，某离职创始人原来以10万元购买了公司5%的股份，现在公司拟按照年利率的7%溢价回购，但当事人认为溢价至少要达到10%。

注意：无论采用哪一种方式定价回购，都会在一定时间内影响企业的现金流，因此需制定好预防策略。

4.3 常见股权激励模式解析

股权激励的模式有多种，每一种都有其适用范围，在实施股权激励之前，必须了解这些模式，再结合企业自身的经营现状及未来走向，找到最适合自己的激励模式。

4.3.1 虚拟股票

某知名旅行社由于对市场分析错误，导致业务分散，竞争力严重下降，市场份额大幅减少。由此引发一连串危机，员工人心惶惶。为了凝聚核心力量，提高员工对公司的信任度，经研究决定实施虚拟股票期权激励计划。在激励实施的两年时间里，公司上下人等共同努力，逐步恢复了在行业中的地位，激励对象也得到了丰厚的利益。

案例中提到的虚拟股票不是真正的股票，而是企业授予激励对象的一种虚拟的"股票"。这类"股票"不在企业股票总量之内，又称为"红利股"。

虽然法律上不认为持有虚拟股票的激励对象具有享受收益的资格，但企业可以通过内部规章协议明确规定，虚拟股票同实际股票享用同样的收益权。即在企业实现了业绩目标后，激励对象可凭虚拟股票享受应得的分红权和股价升值收益。但股票的性质毕竟是虚拟的，持有者只享有分红权，没有表决权和所有权，更不能转让和出售。在持有者离开企业后，虚拟股票会自动失效。

企业以虚拟股票形式进行股权激励的执行流程如下（见图4-5）：

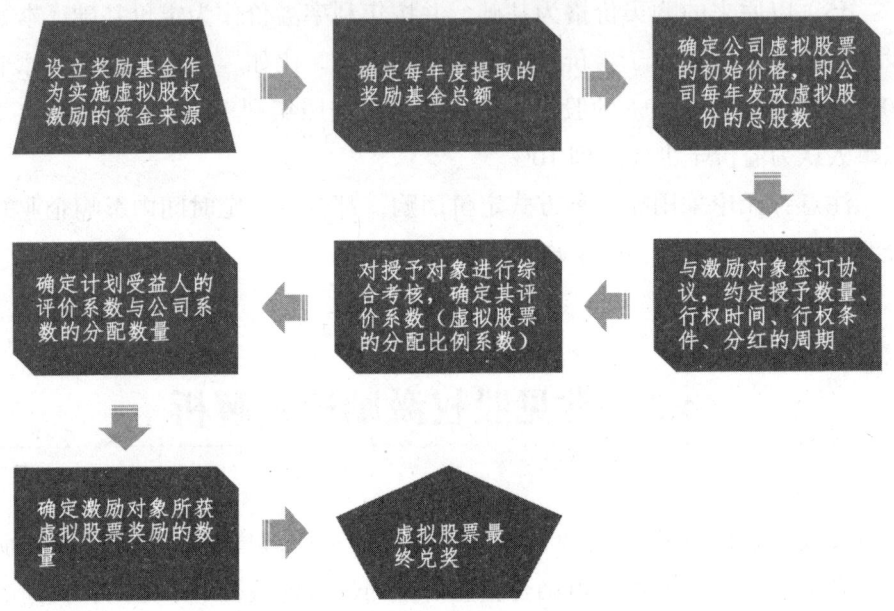

图4-5　虚拟股票激励的执行流程

虚拟股票激励在实施过程中无须员工实际出资购买，有助于避开因市场不确定因素造成的股票价值贬值，对股票持有者有双重利好。

但激励对象出于对获得分红的需求，会更为关注企业的短期利益。在企业业绩达到目标后，是必须兑现分红承诺的，可以用现金形式，也可以用等值股票（实际股票）形式，还可以用"现金+等值股票（实际股票）"形式，但会导致企业短时间内承受相当大的支付压力。因此虚拟股票更适合现金流较充足的企业。

4.3.2 股票增值权

2000年10月，中石化在香港上市发行H股，同时集团内部对480名高级管理人员实施股票增值权激励计划。

用于该激励计划的股票数量为 2.517 亿 H 股，行权价设定为 H 股 IPO（首次公开发行）上市价（1.61 港元）。计划期限为五年，在三年后即可行权。其中，第三年和第四年的行权比例达到 30%（即激励对象被授予股票增值权数量的 30%），第五年行权比例则是 40%。

时间来到 2003 年 10 月——激励计划的第三年，中石化 H 股达到了 3 港元左右，第五年逼近 4 港元。中石化按照当时港股价格减去当初设定的 1.61 港元后，按照比例授予激励对象现金奖励，或者将激励对象的个人所得折合成相应的中石化 H 股股份进行授予。

股票增值权是企业授予激励对象的一种权利。从初期企业授予激励对象股票开始，到期末企业股票增值的部分就是"增值权"。

公式是：期末企业股票增值部分 = 期末企业股票市值 - 期初约定价格

企业按照激励标准将一定比例的企业股票增值权授予激励对象，相当于激励对象通过模拟股票认股权的方式获得，因此授予股票增值权不是让激励对象真正拥有企业股票，而是只有增值权，没有表决权、配股权、分红权。

实施股票增值权激励的行权标准是：按照授予日净资产值为虚拟的行权价格，在规定时段内根据激励对象持有的股票增值权份额，计算出所对应的净资产增加额度，获得由企业支付的行权收入（现金或实际股票）。

公式是：激励对象所得的激励金额 = 期末企业股票增值部分 × 企业授予个人的股票增值权份额

如行权期内企业授予的股票增值权的股份价格高于授予日净资产，激励对象可以兑现权利，获得股价升值带来的收益。如行权期内企业授予的股票增值权的股份价格低于授予日净资产，激励对象就自动失去本轮激励资格，可以进入下一轮激励周期内。

4.3.3 限制性股票

某公司在"新三板"挂牌后，决定执行限制性股票激励计划。在计划中，公司决定以定向发行的方式授予激励对象 200 万股限制性股票，占公司总股本的 8.75%。其中，首次授予 120 万股，预留出 80 万股于首次授予日后的 24 个月内再次授予。

限制性股票的限制条件是，从激励计划实施开始后的三年中，每年的归属于母公司的扣除非经常性损益后的净利润收入分别不能少于800万元、1200万元、1500万元，而限制性股票解除限制的比例均为30%。即该公司的限制性股票的解锁期分别为12个月、24个月、36个月，净利润必须对应800万元、1200万元、1500万元。

限制性股票是上市企业或在"新三板"挂牌的企业，按照预先确定的条件授予激励对象一定数量的公司股票。"限制性"主要针对激励对象的工作年限和企业业绩，当这两项条件都达到股权激励计划规定的条件时，激励对象才可出售被授予的限制性股票。如果激励对象未能满足激励条件，企业有权将免费授予的限制性股票或直接收回，或以激励对象购买时的价格进行回购。

4.3.4 股票期权

某公司董事会审议通过了一份股权激励计划，拟定对公司高管和核心技术人员定向发行150万份公司股票期权。行权资金一半由激励对象自筹，另一半以激励对象的工资为担保进行企业内部贷款。

行权条件有三项：①激励对象在行权的前一年度绩效考核必须合格；②连续两年公司扣除经常性损益后的加权净资产收益率不低于14%；③行权员工最近三年没有出现过重大违规违纪行为。

该激励方案施行后，管理层的积极性和能动性大幅度增强，公司当年的净利润增长率达到了32.5%，比未激励之前的年复合增长率提高了7.45个百分点。

期权也是"选择权"，是赋予激励对象选择的权利，其可以购买企业股票，也可以放弃购买。

股票期权不是义务，更不是责任，而是权利，所以股票期权也称为"认股权证"，是一种以证书作为资格认定的股权激励形式。

企业向激励对象发放期权证书，并承诺在一定期限内或实现协议的条件达成时（如净利率增长率达到目标、研发出新一代产品、上市等），激励对象在规定的时间内（行权期）以协议约定好的价格（行权价），以较低的价格购买证书认证过的股权（行权）。

4.3.5 期股

某高科技公司，有员工两百余人，并有自主研发的高科技产品，年销售收入过亿元。为延续良好的发展势头，公司决定实施期权激励，激励对象为高级管理人员、技术骨干和销售骨干各四人。

激励对象总计出资 160 万元投入到企业作为实股，其中四名高管各出资 20 万元，其他八人各出资 10 万元。出资后，每人除了拥有实际出资额的实股，还配得出资额 4 倍的期股，也就是高管拥有 20 万实股和 80 万期股，其他人各拥有 10 万实股和 40 万期股。期股转变为实股的条件是，要帮助企业达到业绩条件，否则所配期股不能正式获得。

通过该案例可以看出，期股是企业向激励对象提供的一种"许诺式"激励，但激励对象必须购买公司相应数量的股份，购买方式为自己出资和企业贷款。

期股拥有表决权和分红权，而所有权是虚的，只有将所购买期股的贷款全部还清后，期股转化为实股，才能实际拥有。虽然表决权和分红权是实的，但是分得的红利激励对象不能立刻拿走，需要用来偿还期股，直到偿清为止。

上述案例中，高管 A 自己出资 20 万元，配得期股 80 万元，转化期为三年，转化条件是企业每年净资产收益率达到 30%。

A 的 80 万期股平均每年能获得 24 万元（期股总额 × 企业净资产收益率）的红利。但是，如果企业净资产收益率达不到 30% 或者超过 30%，该如何进行期股转化呢？

比如，企业净资产收益率只有 20%，那么，A 的期股红利只有 16 万元（期股总额 × 企业净资产收益率），距离常规的 24 万元还差 8 万元。此时必须以 A 所持的实股红利（20 万元 ×20%=4 万元）来补充，仍然不足的部分需要个人出资填补，才能进入下一年度计算。

再如，企业净资产收益率达到了 40%，A 的期股红利达到了 32 万元，比常规的 24 万元多出了 8 万元。这部分多余红利不能立即变现，要转入第二年度计算。

就这样，经过三年的"多转少补"后，A的期股将全部完成转化，成为实股。如果企业一直持续增长，A所持有的实股必将超过100万股。再经过两年的审计，确认A在被激励的任期内没有重大决策失误和过失，他所拥有的这部分实股就会生效，可以自由支配。

因此，要想将期股转化为实股，需要确保企业的收益达到条件，余出可供分配的红利。如果企业收益达不到条件，不仅期股不能转化成实股，还有可能亏掉实股投入。

4.3.6 业绩股票

经董事会提议和股东大会表决，某公司决定对销售总监和大区经理实施业绩股票激励。如果销售部门在2019年底完成6000万元销售利润，则奖励销售总监30万元、销售骨干每人15万元作为购买公司股份的资金。所有奖励所得都转化为购买股份的资金，股价以激励计划实施时为准。

但另有三种变化：①完成90%销售利润（含90%），奖励递减10个百分点，向下以此类推；②低于业绩目标的60%，没有奖励；③超额完成销售目标的，每超额10%，就在规定奖金额的基础上增加10%的现金奖励。

业绩股票也称为"绩效股份计划"，是在某个时间点企业制定一个合理的业绩目标，在另一个时间点如果激励对象达到了该预定目标，则企业会授予之前约定好的股票份额，或者提取出一定的奖励基金购买企业股票再授予激励对象。

上述案例中，假设激励计划执行时的公司股价为3元/股（通常很难有恰好完成业绩目标的情况，不是超过，就是不足），以销售总监为例：

（1）如果年底销售部门完成了5400万元的销售利润，则销售总监能获得9万股股份（销售利润完成90%，奖励额也只有90%——27万元，除以3元/股，总计9万股）。

（2）如果年底销售部门完成了6600万元的销售利润，则销售总监将获得11万股股份（销售利润完成了110%，获得满额奖励30万元，另有增加的10%——3万元，共计33万元，都用来购买公司股份）。

业绩股票常被看作一种短期激励方式，但事实并非如此，因为业绩股票的流通变现有时间和数量的限制，如果事先确定的绩效目标是长期的，比如三年、五年、七年内达到，则激励对象要用若干年时间去通过业绩考核，才能获准兑现规定比例的业绩股票。

4.3.7 账面价值增值权

某公司采取账面价值增值权模式进行股权激励，具体如下：自2019年开始，每年拨出一定比例的税后利润成立基金，作为企业实施激励计划的资金来源。此次股权激励的授予总额为100万股，激励对象为公司高管人员、技术骨干及业务精英。行权价格以2019年每股净资产为基准，计算后得出每股净资产为3.4元（为行权价）。行权时间自2019年起至2021年止，每年的行权比例分别为3∶3∶4。

账面价值增值权反映的是企业的业绩水准，每股净资产越高，企业的盈利能力越强，股东享受到的权益就越大。但是，这种增加值不是真正的股票，因此激励对象并不享有所有权、表决权和配股权。

上述案例涉及"期权激励计划"。其实在股票期权的模式下，如果期权的授予价格是按照股票的每股净资产，行权时期的行权价格是按照当时的每股净资产，都不是按照股票的二级市场价格，在这种情况下股票期权模式在实质上就成为账面增值权模式。

账面价值增值权分为购买型和虚拟型两种模式：

（1）购买型：激励对象在激励计划执行之初，按每股净资产值实际购买一定数量的企业股份，到期后再按每股净资产期末值回售给企业。

（2）虚拟型：激励对象在激励计划执行之初，不用实际出资就被企业授予一定数量的名义股份。在到期后，根据企业每股净资产的增量和名义股份的数量来计算收益，据此向激励对象支付现金。

4.3.8 员工持股计划

创业板上市公司"江苏三六五网络股份有限公司"，在2014年11月3日实施一次员工持股的股权激励计划。具体方案是：公司四位实际控制人合计拿出360万股公司股票，占控制人实际控制股票的10%。公司没有成立

"员工持股计划信托基金会"或是"员工持股委员会",而是委托"浙江浙商证券资产管理有限公司"来具体管理本次的员工持股计划。

员工持股计划也称"员工股票所有权计划",是通过让员工持有本企业一定数量股票和期权,让员工获得长期奖励的方式。

实施该股权激励模式,需要由企业内部激励对象出资认购本企业部分股权,或者股东自愿捐出部分股份无偿授予激励对象,并委托一家专门机构(如"员工持股委员会""员工持股计划信托基金会"等)以社团法人的身份托管运作,集中管理,按股份分享红利。这意味着,"员工持股委员会"应代表持股员工进入企业董事会参与公司的各种表决及分红。

员工持股计划分为杠杆型员工持股计划和非杠杆型员工持股计划两种。

1. 杠杆型员工持股计划

利用信托贷款杠杆实现员工对企业股权的收购。主要涉及四个方面:企业、企业股东、"员工持股计划信托基金会"或"员工持股委员会"、贷款银行(见图4-6)。

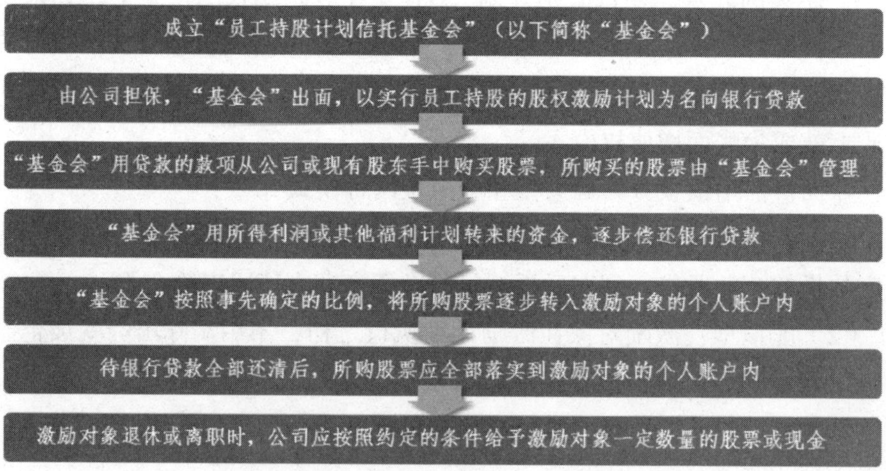

```
成立"员工持股计划信托基金会"(以下简称"基金会")
            ↓
由公司担保,"基金会"出面,以实行员工持股的股权激励计划为名向银行贷款
            ↓
"基金会"用贷款的款项从公司或现有股东手中购买股票,所购买的股票由"基金会"管理
            ↓
"基金会"用所得利润或其他福利计划转来的资金,逐步偿还银行贷款
            ↓
"基金会"按照事先确定的比例,将所购股票逐步转入激励对象的个人账户内
            ↓
待银行贷款全部还清后,所购股票应全部落实到激励对象的个人账户内
            ↓
激励对象退休或离职时,公司应按照约定的条件给予激励对象一定数量的股票或现金
```

图4-6 杠杆型员工持股计划操作流程

2. 非杠杆型员工持股计划

不用借助向银行贷款,而是企业每年向"员工持股计划信托基金会"贡献一定数量的公司股票,或者直接提供用于购买企业股票的现金(见图4-7)。出于对企业股权掌控能力的控制,这部分股票的价值或现金不应超过

参与员工持股计划人员工资的 25%。

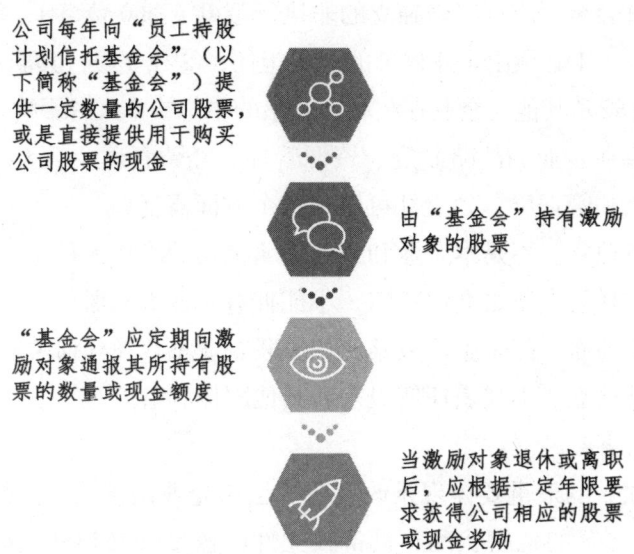

图4-7 非杠杆型员工持股计划操作流程

4.4 股权激励的流程

为确保股权激励计划能顺利实施,一套科学的、完整的激励流程是不可缺少的。每一个环节都是必需的,只有做到流程到位,环环相扣,股权激励才能真正发挥作用。

4.4.1 建立内部监管体系

建立完备的内部监管体系,是顺利实施股权激励的最基本的保障。防止堡垒从内部被攻克,发现疏漏立即堵住,有了缺损马上修补,将阻碍股权激励的实践扼杀在萌芽中。

内部监管体系的核心是构筑"三会"——董事会、监事会、薪酬委员会。

1.确保董事会的独立性

不独立的董事会,导致高管人员会滥用职权,以权谋私。因为权力不具独立性，就无法对高管人员进行约束，高管人员的手可以伸出很长。

企业董事会至少应有三名独立的非执行董事（独立董事），担任资格必须满足两项条件：①必须由企业外部的人员担任；②独立履行其职责，不受企业主要股东、高管及其他与企业存在利害关系的单位或个人的影响。

独立董事在企业的战略制定、资源管控、经营管理及重大问题上，独立于企业的股东和管理层，独立性可以从四个方面概括：

（1）人格独立。不是本企业和其他附属机构的工作人员。

（2）财产独立。不是企业股东，不能拥有企业大额股份。

（3）工作独立。与本企业或其他相关联企业不存在任何关联或关系。

（4）利益独立。不代表任何股东和其他团体利益。

2. 加强监事会独立性

监事会独立的最重要体现是改变监事会中企业内部员工过多的局面——"自己监事自己"的荒唐状况。具备独立性的监事会必须做到以下几项（见图4-8）：

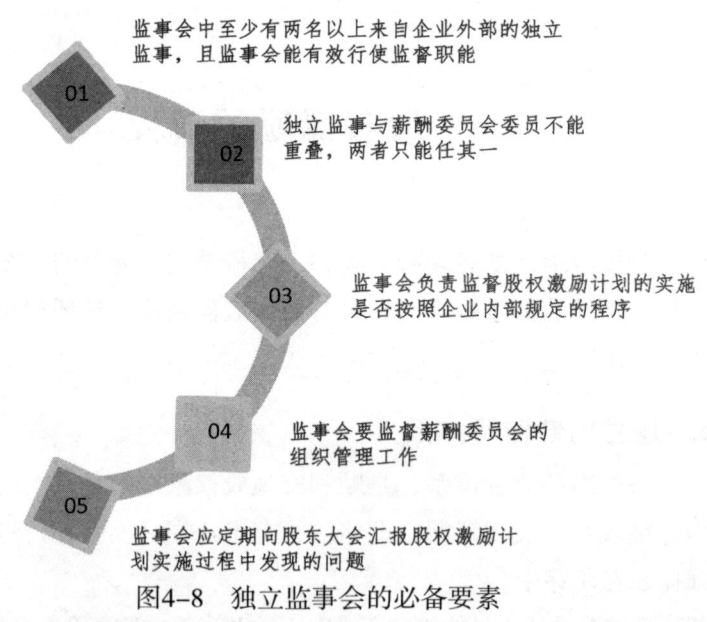

图4-8 独立监事会的必备要素

3. 建立独立的薪酬委员会

薪酬委员会的职责是规范股权激励计划的实施，促进股权激励制度顺利、健康地发展。能高效履行责任的薪酬委员会一定具有独立性和公证性，并要达到（表4-2）所列。

表4-2　薪酬委员会的三项要求

要求	具体解释
成员要求	成员必须满足独立董事的一般规定
	成员不能与企业下辖的关联企业有关系
	成员不能是企业的法律、会计、咨询顾问，也不能与上述有关联
	成员至少要有三位，且其中过半成员应为独立非执行董事
任职要求	当薪酬委员会决定的任何事宜与成员中任何个人的财务发生利害关系时，该成员应向委员会及时披露，如经调查证实确实存在利害关系，该成员在有关决议的表决时必须弃权
任务要求	当薪酬委员会中的任何成员请求开会时，委员会主席都应召集会议
	薪酬委员会每年应至少开一次全体会议
	薪酬委员会有权从企业高管处获取其所需要的薪酬方面的任何信息

4.4.2 起草方案

为了确保方案正确起草，可以借助"六定模式"——定模式、定对象、定额度、定价格、定来源、定约束条件及其他。

（1）定模式：模式就是4.3中阐述的"常见股权激励模式解析"，具体运用以企业现状为准。

（2）定对象：股权激励计划要面向哪部分群体？明确激励对象，才能明确激励的具体实施方式和最终目的。

（3）定额度：首先明确企业拿出多少股份（总量）用于激励，其次明确每个激励对象应该获得的股份数量（个量）。

（4）定价格：明确是否需要激励对象个人出资，如果需要出资，价格是多少？出资形式如何？

（5）定来源：用于股权激励的股票或股权的来源是什么？上市公司和非上市公司在这方面的规定不同。

（6）定约束条件及其他。约束条件是股权激励能顺利实施的保证，包括授权日、有效期、解锁日、等待期、行权期、失效日。其他内容见图4-9。

在等待期内发生某些更改如因公司实施"高转送"或股票并购等原因引发股价变动,从而需要更改解锁后的行权价格等情况	因激励对象离职或其他特殊原因,导致取消激励股份或减少激励股份的情况
解除等待期后的行权日期限制。激励对象获得权益后的行权期间,在草案中要明确标注	股票转让等规定。只针对上市公司而定,应根据《公司法》和《证券法》的规定,在草案中明确提示

图4-9 股权激励计划草案中必须明确的其他内容

某上市公司发布了一份股权激励计划的草案,其中"六定"为:

(1)激励模式:限制性股票。

(2)激励对象:公司高管、中层管理、核心骨干,总人数189人。

(3)激励额度:总数量为206.8万股。

(4)激励价格:授予价格为6.1元/股。

(5)股票来源:公司向激励对象定向发放A股普通股。

(6)约束条件及其他:有效期是自限制性股票股权登记之日起,至激励对象获授的限制性股票全部解除限售或回购注销之日止,最长不超过48个月。限售期分别为:①自授予部分股权登记日起12个月、24个月、36个月;②本激励计划获授的限制性股票,激励对象在限售期内不得转让、偿还债务或用于担保;③限售期满后,公司为满足解除限售条件的激励对象办理解除限售事宜;④限售期满后,公司将回购注销未满足解除限售条件的激励对象所持有的限制性股票。

4.4.3 设定切实可行的考核条件

通过设定考核条件,公正、公平地考察激励对象,如果激励对象达到考核标准,企业则向激励对象兑现奖励,否则将不予兑现。这就是考核的意义,让每个人都不断完善自己达到考核标准,获得更多的利益。

某公司制订了一份股权激励计划，激励对象是公司总裁、副总裁、运行经理、业务总监等经营团队。考虑到激励对象所长，制定考核指标更多地倾向于任务指标和发展指标。任务指标：激励对象在任期内的营业总收入额与净利润总额。发展指标：激励对象在任期内投入科研的收入额占比及战略完成情况。

可见，在企业设定考核条件时，一定要充分考虑所定指标的合理性，一方面设定出合理的考核条件，另一方面避免指标的形式化。那么，在设定考核条件时，需要注意哪些问题呢？

（1）明确考核目的，考核才有针对性。

（2）在设定考核条件前要进行调查研究，并结合企业的经营现状和所处行业现状，确保考核条件合理，避免随意性和不切实际。

（3）必须统一考核标准，确保考核的公平和公正。但是，统一的考核标准不是统一的考核条件，根据不同对象要设定不同的考核条件，但其背后的标准要统一。

（4）采用最恰当的方法设定出更符合现实的考核条件，避免单一化、形式化、片面化。

（5）简单、清晰地阐述考核条件和方法，让被考核对象充分了解。如果考核条件或考核方法相对复杂，容易产生歧义，需要及时向被考核对象说清楚。

4.4.4 审定方案决议

在已经起草了股权激励草案后，还需要对草案进行议决，议决方式为"两会制度"——股东会/大会和董事会。

1. 股东会/大会

企业在拟定好股权激励计划的草案后，必须在股东大会上进行审核。形式不限，可以是法定大会、年度大会、临时大会。

（1）法定大会。只要存在股份公司公开招股的情况，从公司开始营业之日起，最短不少于一个月、最长不超过三个月的期间，就必须召开一次股东大会。开会的目的是让所有股东全面了解和掌握企业当下的经营状况，方式是公司董事在开会前14天向各股东提出法定报告，再由股东们审查该报告。

（2）年度大会。年度大会又称为"年度股东大会"，通常在每一个会计年度总结的六个月内召开，一年一次。大会议决的内容通常包括变更公司章程、选举新董事、宣布股息、讨论增加或减少企业资本，以及审查董事会提出的营业报告等。

（3）临时大会。每当发生涉及企业或股东利益的重大事件时，无论在什么时候，都必须召开临时股东大会。其中，《公司法》第一百零一条规定的相关情形，必须在两个月之内召开。

2. 董事会

董事会是由股东大会选举产生的，由董事长和副董事长各一名与董事若干人组成。董事任期三年，届满后可以继续参选，连选连任。董事在任期届满之前，如无特别重大过失的，股东不能无故接触董事的职务。在董事会正常运作期间，股东大会不能干涉董事会对公司的经营和管理。

董事会对外代表公司做决策和经营，对内掌握公司的具体事务。在股权激励方面，股东大会通过草案后，由董事会具体执行。董事会在对股东大会负责的情况下，行使图4-10中职权。

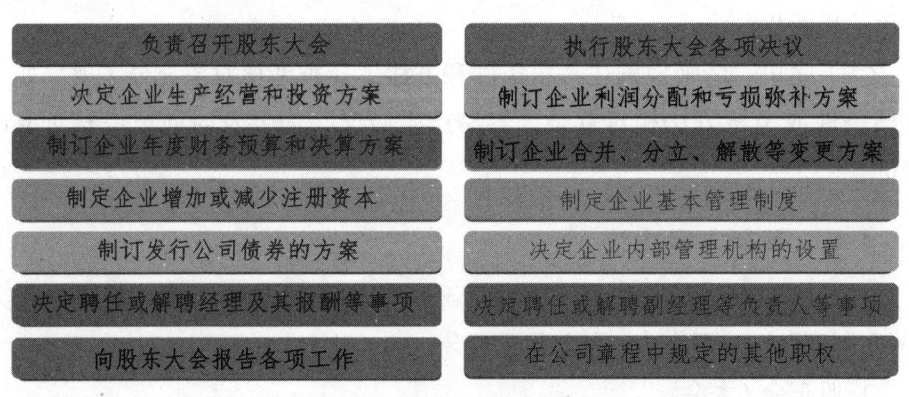

图4-10　董事会职权范围

4.4.5 召开说明会

在股权激励方案获准后,要召开一次方案说明会。召开说明会目的是向企业内部的激励对象阐述激励方案的内容,及获得股权激励所必备的权、责、利等问题,让参会者明白股权激励带给企业和个人的长期与短期的利益。

说明必须在"第三只眼睛"——律师或外部顾问的监督下进行,目的是确认股权激励的合法性或可行性。

某公司对研发团队实施股权激励,在起草的激励计划得到股东大会批准后,公司举办了一场"股权激励说明会"。邀请到某知名律师事务所的C律师(第三方机构)、成都川尚企业管理咨询有限公司首席导师王永红参会,就股权激励的形式和内容,以及此次股权激励的模式和利益,做一次专题讲解。

说明会必须讲清楚考核要求、行权条件、有效期、授予日、解锁日、等待期等问题。总结起来,就是要让激励对象明白什么是股权激励,为什么要实施股权激励,更重要的是了解自己在此次激励计划中能有多大收益。

在"股权激励说明会"上,先由首席导师王永红先生讲解股权激励的各种模式,如期股、限制性股票、业绩股票、员工持股计划等,并介绍股权激励带给公司和个人的利益;再由C律师讲述股权激励方面的法律知识和必须遵守的法规;最后再由王永红先生代表该公司的"员工股权激励设计顾问小组"讲述此次股权激励方案中相关的实施细则(考核要求、行权条件、"三期三日"等)。

通过此案例看出,股权激励说明会的核心是对企业实施的股权激励计划的说明,可以由外部帮助企业制定股权激励方案的咨询公司代表讲述,也可以由企业内部制定股权激励的团队代表讲述。

4.4.6 签订书面协议

股权激励是企业与激励对象达成的一种在一定条件下企业让利给激励对

象的过渡协议安排，因此需要在稳定的环境下实施。签订书面协议后，激励方案才正式产生法律效力。

某公司决定对销售经理A实施股权激励，激励数量为公司股份的4%，条件是两年时间内公司净利润增长超过65%。征得A同意后，双方签订《股权激励协议》。两年后，公司净利润增长达到70%，A如愿得到4%的股份，但却提出辞职。根据当初签订协议中注明的"激励对象得到激励股份后五年内不离职方可享受权益，若中途离职，则必须将股份卖给公司"，最终，公司以高出实施激励时股份价格5%的方式回购了A 4%的股份，A才得以离职。

签署股权激励协议时应邀请企业内部的律师或法律顾问到场，如果没有聘请第三方法律机构予以协助，在律师或法律顾问的监督下，企业与激励对象签订的协议会更加有效地回避法律问题。比如协议中不能出现"霸王条款"，更不能出现违反国家法律法规的条款。除此之外，签订协议还要注意图4-11中几方面。

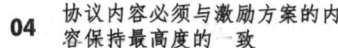

- 04 协议内容必须与激励方案的内容保持最高度的一致
- 03 协议中要明确退出机制，以免日后引起法律纠纷
- 02 协议中涉及激励对象权益的内容，必须详细做出解释，不能有任何遗漏或错误
- 01 激励方案实施过程中需要修改的，需向激励对象进行确认，得到认可后，重新签订协议

图4-11 签署股权激励协议的注意事项

4.4.7 进行行权考核

激励对象何时行权、如何行权，必须通过行权考核进行评估。考核通过，行权对象则可以行权，否则就没有资格行权。行权考核要遵循一定的标准，考核标准要视各企业的具体情况而定，但行权考核的注意事项是各企业通用的（见图4-12）。

第四章 股权激励：点燃个体能量，裂变从内部发动

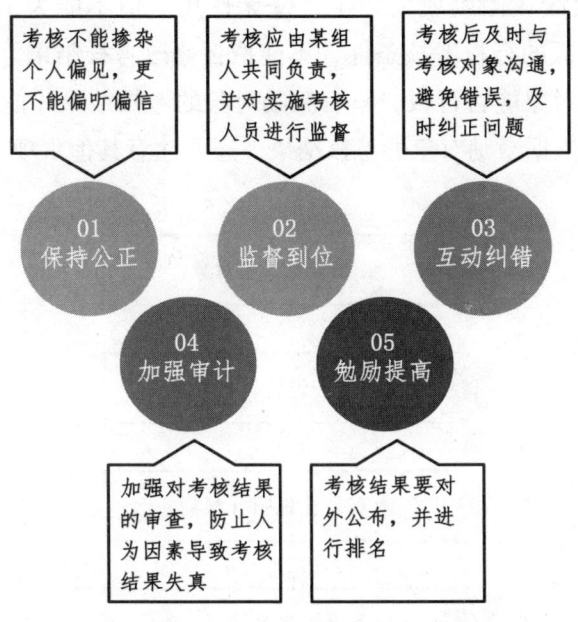

图4-12 行权考核注意事项

2007年，海南海药股份有限公司实施股权激励计划。2010年9月7日，公司董事会公布《关于股权激励期权行权的决议公告》，写明："公司首批获授股票期权的激励对象已由相关考核者对其2009年度绩效目标的实际情况进行了考核，董事会与考核委员会对激励对象2009年度考核结果进行了复核，确认激励对象2009年考核全部合格。根据公司2009年考核年度的业绩指标及激励对象的考核情况，均符合公司'激励计划'规定的第四个行权期的行权条件……根据《企业会计准则第11号——股权支付》的相关规定，本次行权股份按照权益工具授予日的公允价值已计入2009年度相关成本或费用和资本公积。按照本次行权数量150万股和行权价格3.63元计算，本次股票期权行权的实施将增加公司银行存款544.5万元，对应增加公司净资产544.5万元（其中，股本150万元，资本公积394.5万元），对公司当期损益没有影响。"

　　行权是检验激励结果的最好方式，如果全部激励对象都能行权，说明企业通过股权激励的目的达到了；如果大多数激励对象能够行权，说明此次股权激励的效果相当不错；如果只有少数激励对象或没有激励对象能够

行权，那么此次股权激励就失败了，毫无作用。但不能为了行权而行权，不能制定标准过低的行权考核条件，不能擅自修改考核结果。

因此，激励对象能否行权，只有激励对象的考核结果才能决定。企业在行权时，不仅要依据激励对象的考核结果，还要注意其他事项（见图4-13）。

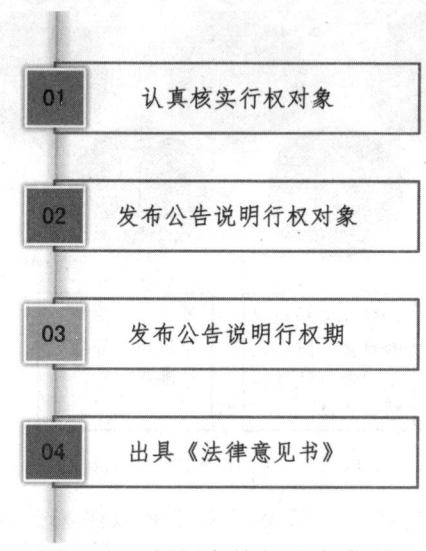

图4-13　行权考核的注意事项

4.4.8 转让、登记、撤销、回购的执行

如果股权运作流程出现转让、撤销、回购的情况，应该如何操作呢？下面逐一讲解。

1. 用于股权激励的股份转让及登记

股权激励计划涉及的主体就是企业股份，来源（非上市企业）是现有股东的无偿赠予或有偿转让。当股权激励计划开始实施时，企业的股东数量增加了，股东的出资情况也有了变化。因此，需由原股东出具一份赠予或转让说明，在工商部门重新登记，股份才具有法律效力。

某公司由A和B共同创立，A持股69%，B持股31%。经营中发现C和D不仅能力强，还很有责任心，A和B决定对这二人实施股权激励。具体方式是：A出让5%的股权，B出让3%的股权，以原始注册成本平价转让给C和D，两人各得到4%的股权。于是，A、B代表公司与C、D签订了一份股权转让协议,并到工商行政部门进行了登记和注册。

无论是上市公司还是非上市公司,在以实际股份进行激励时,必须按照相关流程一步步实行,以确保股份的有效性(见图4-14、图4-15)。

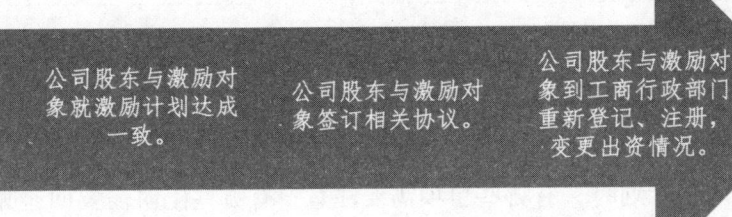

图4-14 非上市企业用于股权激励股份的有效性保证

图4-15 上市企业用于股权激励股份的有效性保证

2.用于股权激励股份的撤销和回购

在激励计划实施后,因某些特殊情况,企业决定修改激励方案;在激励期满后,激励对象未达到行权标准;激励对象在已经获得激励的股份后离职或退休;在激励计划实施期间,如果激励对象发生犯罪、死亡等情况……

对于上述状况,企业首先要及时回购用于激励或者激励对象已经获得的股份。股权激励计划调整的、激励对象没能达到行权标准的、激励对象坐牢或死亡的,企业要注销相应股份。激励对象离职或退休的,企业只需回购,无须注销。

回购的股份在不注销的情况下,是否可以直接划为预留部分另行激励?不可以。因为企业回购的股份,非上市企业是得到股东会、董事会通过的,上市企业则是得到了证监会审核通过,不能擅自更改或篡用,因此必须注销。

4.5 股权激励的误区

有些企业在没能充分预估股权激励风险的情况下,就盲目地制订执行方案,导致企业因此蒙受巨大损失。因此,股权激励既是机会也是陷阱,那么在制订股权激励计划时,有哪些事项需要注意?有哪些陷阱需要回避呢?

4.5.1 业绩指标设定偏高

股权激励不是万能的,不是只要实施就一定能取得效果。一些企业管理者认为既然实施股权激励,业绩目标制定得非常高,认为"重赏之下必有勇夫",有了利益牵引,大家都会玩命干,企业的经营状况不就因此彻底改变了吗?

如果股权激励是万能的,经营企业岂不是简单了,在必要的时候使出这一招,就能力挽狂澜。但现实不是这样的,作为企业经营者不能只站在自己的角度想问题,还要考虑激励对象的想法。当员工听到企业要实施股权激励都很高兴,但看到所制定的目标时就如冷水浇头,几乎是高不可攀的,这种情况下还有情绪去执行激励方案中的目标吗?

深圳市海普瑞药业有限公司(下文简称海普瑞)在2011年底推出的股权激励方案中,有两个"超高"业绩指标:一是2012年净利润增长率同比不低于15%,加权平均净资产收益率不低于9%;二是净利润增长率不低于45%(以2011年为基准),加权平均净资产收益率不低于10%。

看起来,只需实现业绩指标就能获得股权激励了,但实际上2012年海普瑞的净利润增幅仅为0.37%,与15%的指标天地之差,想要实现这样的业绩指标根本没有可能。因此,海普瑞的8名激励对象(高管与核心人员)在重压之下(涉及股票期权数量高达37.8万股),实在拿不出解决的办法,先后离职。

股权激励预期收益和业绩指标的规律可以通过一句话概括出来，即"收益越丰厚，指标越苛刻，追求超限度，结果反受苦"。因此，企业制定任何目标都必须遵循一个标准——"跳起来，够得着"。原地就够得着的，达不到激励的目的，但无论怎么跳都够不到的，同样达不到激励的目的。

4.5.2 业绩指标设定偏低

上一个误区是怎么跳都够不到，这个误区是不用跳就够得到，甚至躺着就够得到。之所以要将业绩目标设置得低，是因为一些企业管理者想要将激励效果做到最好，也就是此次股权激励计划最终有多少人达到目标，获得激励。他们片面地认为得到激励的人数越多，激励的效果就越好。但是，他们忘了人性是贪婪的，越是躺着就能得到的，人们越不会忘了感恩。

某公司在2016年推出股权激励方案，设定的公司业绩和个人业绩都稍高于2015年的成绩，属于正常范围。但公司创始人怕激励对象因为业绩标准提高而出现抵触情绪，决定降低标准，改为和2015年成绩一致。也就是说，只要保证和去年业绩一致，激励对象就可以得到股份。正因为业绩指标设定得低，给了激励对象一种随便干干就能达到标准的感觉，结果不仅没激发干劲，反而让怠惰情绪遍及全公司。

之所以出现这种状况，是因为降低业绩指标的做法本身就偏离了激励初衷，激励是让人能在正常的工作状态下，发挥出更大的工作热情和工作潜力。如今是不用跳一下，躺着就能够到目标，成了福利，见者有份。当激励成了福利，股权就从"稀缺品"成为"便宜货"，得到的觉得是正常，得不到的就会有怨言，企业效益将会因此动荡。

4.5.3 激励对象仅限高管

股权是稀缺品，因此一定要用在刀刃上，这是正确的。但不能只在企业中的某一类群体中实施，企业的壮大绝不是某一位人才或者某一类人才的功劳，而是全体人员共同的贡献。所以，要依据能力大小和贡献多少，来确定股权激励的对象。

但是，很多企业管理者却错误地在企业内部划分了"三六九等"，认为股权激励是高管人员的专属待遇。彼得·德鲁克说过："人才是企业最难超越的差异化优势。"如果企业拥有了人才，就等于拥有了难以被超越的优势，股权激励正是留住人才的方法之一。

某公司在2010年首次实施股权激励，激励对象是最高层管理人员，一共6人，实施效果相当不错。2013年再次实施股权激励，激励对象的范围扩大到普遍高管层，一共13人，激励效果也可以。2016年第三次实施股权激励，激励对象还是最高管理层，一共7人，激励效果直线下降，最终7人都没能获得行权资格。在此次股权激励开始实施后，公司的各方面业绩显著下滑，核心员工开始跳槽。

这种状况出现的根本原因是企业领导层"吃独食"，独享企业发展带来的福利，其他员工没有机会。

其实，作为企业的非高级管理人员，在心里都认可企业的福利政策和股权激励政策优先考虑高管层，但他们也会等着某一批次会轮到自己。因为术业有专攻，对企业来说每个岗位都是关键，能在岗位上胜任的人都称得上人才。但是，像案例中的公司那样，经过两轮股权激励后，激励对象再次回到管理层，其他对企业做出巨大贡献或尽职尽责的员工一定会有想法，他们知道自己不可能得到更多利益了。当人的内心感到不平后，心态就会发生变化，一旦对企业有了抱怨，就会产生不利后果。

4.5.4 激励就是福利分红

在4.5.2节的末尾已经提及激励成为福利，股权成了不值钱的东西。这种情况在现实中出现得很多，企业在准备实施股权激励时，也不清楚股权激励的根本意义和作用，就当成了分红机制来做。

某网络公司要开发一个新APP，为了激励团队负责人，准备实施股权激励。公司老总找到团队负责人说："这个APP由你全权负责，上市后抛出本金，实现盈利后，公司将跟你五五分红，并且给你一定数量的红利股（虚拟股份）。"

看起来这是一次股权激励，实际上更像是承揽分红的制度。因为虚拟股份偏向短期激励，这种既分红又给股份的激励方式，更加激发了激励对象对短期利益的追求。

这种股权激励就如同承揽分红，将产生三个不良后果：①激励对象只想做好现在，会透支企业的未来；②激励对象或非激励对象对股权激励产生误解，认为拿到股权就是拿到钱；③激励对象达到业绩目标后，企业的现金流将遭受支付兑现的冲击。

股权激励不是短期行为，如果企业单方面引导员工追求短期利益，一段时间内企业的发展将会突飞猛进，但接下来就是减缓、停滞、倒退。

第五章
股权估值：
评估企业股权裂变的量级

股权估值是一种资产价值评估，基于对当下企业（本企业与其他企业）经营状况的估计，通过估算后的企业价值反映出来。在充分了解当下企业状况的情况下，可以对未来经营或投资回报进行预估。可见，懂得股权估值是企业经营和投资成功的重要保障。

5.1　股权估值的作用

企业的股权评估在企业的经营活动和决策制定过程中，起着极其重要的作用，能帮助企业管理者认清形势和改善经营方式，并有助于提升企业的对外形象和资本扩张。

5.1.1　扩大和提高企业影响力和凝聚力

随着企业形象日益重要，如何扩大企业影响力成为每一位企业管理者必须考虑的问题。其中借助无形资产的力量，给企业创造非一般生产资料和生产条件所能创造的超额利润，但这样的资产在账面上却难以反映。

必须有一个能将企业真实完整的价值反映出来的方式，估值就在此时粉墨登场。当企业估值结果显示企业的经营能力和成长性很好时，可以强化企业形象，展示企业实力。

一家估值前景良好的企业，对外传达出健康的发展趋势，对内提高员工的忠诚度和自豪感，可以达到凝聚人心的目的。

5.1.2　量化企业家底

作为企业管理者，必须清楚企业的具体价值，并清楚计算价值的组成、由来。企业价值不再只是有形资产部分，更多的是无形资产部分，而且无形资产在企业中的价值比例越来越重。尤其是一些高新技术产业的无形资产，大约可以占据企业全部价值的80%，甚至有形资产可以忽略不计。

我们都知道，有形资产容易计算，所有的都摆在那里，一一相加就可以了，价值差异只在于资产当时的货币转换率，转换率高的资产价值就高一些，否则价值就低一些。

但无形资产就难计算了，要结合企业现状、未来发展、外部环境等众多因素，比如企业的品牌价值，这是最重要的无形资产之一。衡量品牌的价值，首先要看企业的价值如何，企业价值高，品牌价值一定高；企业价值低，品牌价值必然低。其次要看企业的未来发展，成长性高的企业，品牌价值就高；成长性低的企业，品牌价值就低。最后要看外部环境，整体行业环境向好，有利于企业发展，品牌价值就会提升；整体行业环境较差，就不利于企业发展，品牌价值就会下滑。

总之，量化企业家底，核清企业价值，将有助于企业管理者对企业的前景有更清晰的判断，便于实施动态管理。

5.1.3 投资决策的重要前提

企业在市场经济中作为投资主体的地位已经明确，但要保证投资行为的合理性，其中一项重要的任务就是对企业现有资产的现时价值进行正确评估。

在企业的经营活动中，以厂房、产品、设备等有形资产和以品牌价值、专利技术、商标权等无形资产，形成的资产组合作价入股已经非常普遍。任何投资行为必须对这些无形资产进行量化，由评估机构对无形资产进行客观、公正的评估。评估结果就是被投资企业确定其无形资本入账价值的客观标准，也是投资企业与被投资企业谈判的重要依据。

5.2 不同时期估值评估要素

企业处于不同生命周期，其股权估值所涉及的评估要素也会不同。通常情况下，企业的生命周期分为四个阶段：初创期、成长期、成熟期、衰退期。企业所处生命周期的不同，股权估值的评估作用、评估方式、评估难度以及估值结果都会有所不同。

5.2.1 初创期

处于初创期企业的估值，参与股权评估的要素如表5-1所列。

表5-1 初创期企业股权评估参考要素

估值参与者	企业所有者与天使投资方
收入/利润	潜在市场如何划分？用户对产品的信心指数？企业有多少盈利点
生存现状	企业活下去的概率多大？企业如何活下去？导致企业生存艰难的重要原因是什么
数据问题	无经营历史和财务数据历史
其他条件	潜在市场、资本投资、利润率、人才价值

处于初创期的企业，没有经营历史，有很少甚至没有收入，依赖资本成长，因此夭折概率非常高。在进行估值时，没有可作为参考的可比企业，现有的资产现金流、新增资产现金流、贴现率、终值等，任何一个变量的评估都极具难度。

但初创企业的估值是很有必要的，不仅企业本身要实施，对其投资的资方也应实施。初创期企业身子骨太弱小，必须及时了解内部的"有害病原"和外部的"助长剂"，估值就有助于发现这两者，企业可以剔除坏的，联合好的。资方对初创企业估值，能够尽快发现价值洼地，将资金投给成长性最好的创业公司。

5.2.2 成长期

处于成长期企业的估值，参与股权评估的要素如表5-2所列。

表5-2 成长期企业股权评估参考要素

估值参与者	风口基金、首次公开发行（Initial Public Offering, IPO）
收入/利润	收入如何增加？竞争对手有哪些？竞争对企业的影响如何
生存现状	企业会被并购吗
数据问题	低收入、负利润、变化的利润率
其他条件	收入增幅、目标利润率

处于成长期的企业，其产品和服务已基本成型，也已渗透进了最契合的细分市场，收入快速增长，企业开始盈利。在进行估值时，有少量的处于同阶段的可比性企业。

但是，该阶段的企业可能由于所在行业的生命周期走到尽头，或者来自竞争对手的压力过大（如巨头杀入市场、对手联合等），导致企业经营失败。

5.2.3 成熟期

处于成熟期企业的估值，参与股权评估的要素如表 5-3 所列。

表5-3　成熟期企业股权评估参考要素

估值参与者	增长型基金、价值型基金、PE基金
收入/利润	投资、融资政策是否会变化？企业出现问题能否重组
生存现状	企业可以上市吗？上市后的状况如何
数据问题	管理改变，数据随之改变
其他条件	资本回报率、再投资率、增长动力、利润、成本、资本的变化等

处于成熟期的企业，产品和服务都非常成熟，增长率相对稳定，现金流的风险也已控制在最低限度，且有了足够的经营经验和历史数据与可参照对比的企业，进行估值变得相对简单，更为关键的是这个阶段的企业估值可以获得较好的结果。

该阶段的企业通常会通过并购或内部重组的方式改变生产率，使增长率、资产结构发生改变，继而影响到企业的估值结果。

5.2.4 衰退期

处于衰退期企业的估值，参与股权评估的要素如表 5-4 所列。

表5-4　衰退期企业股权评估参考要素

估值参与者	价值基金
收入/利润	收入和利润逐年降低
生存现状	企业会破产吗
数据问题	收入衰减，负利润
其他条件	资产剥离，清偿

处于衰退期的企业，其价值都来自现有资金，未来资金没有流入渠道和条件，收入与利润都趋于稳中下降的状态，很难再上升。更为关键的是，衰退期企业的债务风险逐渐上升，很难用合适的贴现率对现金流进行折现。因此，对该阶段企业采取清算价值或者账面净值的方式来评估股权价值，会比传统的估值方法可靠。

5.3 相对估值方法

相对估值方法包括市盈率法（P/E 法）、市销率法（P/S 法）、市净率法（P/B 法）、修正市盈率法（PEG 法）、企业价值倍数法（EV/EBITDA 法）、重估净资产价值法（RNAV 法）。

5.3.1 市盈率法（P/E法）

市盈率反映的是企业按有关折现率计算的盈利能力的现值。

市盈率可分为两种：①静态市盈率，也称"历史市盈率"，对应于企业上一个财务年度的利润（或前 12 个月的利润）；②动态市盈率，也称"预测市盈率"，对应于企业当前财务年度的利润（或未来 12 个月的利润）。

市盈率的确定：根据同类上市公司的行业平均市盈率，或者行业未来两年的平均市盈率，打个折扣。若企业规模较小，则需再打个折扣。

公式是：企业价值 = 市盈率 × 净利润

企业估值的 P/E 倍数为：静态 8 ～ 10 倍，动态 5 ～ 8 倍。但现实中 P/E 倍数的浮动很大，成长性差的企业可能只有 3 ～ 5 倍，高速成长的企业可以达到 10 ～ 20 倍。

市盈率法适用于周期性较弱、盈利相对稳定的企业，如公共服务业、食品业。

5.3.2 市销率法（P/S法）

市销率反映的是企业的投资周期与潜力。市销率越低，说明公司股票目前的投资价值越大，也说明企业的价值越大。

市销率的确定：根据同行业上市公司平均价格销售比，打个折扣。

公式是：企业价值 = 价格销售比（P/S）× 预测销售额

企业估值的 P/S 倍数为 30 ～ 40 倍。

市销率法的特点有四项：①不会出现负值；②不能反映成本的变化；③只能用于同行业对比；④结果对价格和企业战略变化敏感。

市销率法适用于经营平稳的企业、高速增长的企业、经营困难（没有利润）的企业。

5.3.3 市净率法（P/B法）

市净率是指每股股价与每股净资产的比率。市净率可用于投资分析，通常市净率较低的股票，投资价值较高，相反则投资价值较低。但在判断股票的投资价值时，市净率只是一方面，还需考虑当时的市场环境和公司的经营状况、盈利能力等。

市净率的确定：根据同行业上市公司的平均市净率，打个折扣。

公式是：企业价值＝市净率（P/B）× 净资产

公司估值的 P/B 倍数为 2～3 倍。

市净率法适用于周期性较强的行业（拥有大量固定资产且账面价值相对稳定），如银行、保险和其他流动资产比例高的企业；还有业绩差及重组型企业。

5.3.4 修正市盈率法（PEG法）

修正市盈率比 PE 要复杂一些，要在同行业中根据净资产、盈利能力、成长能力、偿债能力等要素，选取若干家上市公司作为参照，并根据上市参照企业的净资产、盈利能力、非流通股比例等因素，计算出上市公司的合理市盈率，同时考虑宏观经济、行业景气度，修正计算出本公司的市盈率，为本公司进行估值。

PEG 法估值的最大特点是把企业的成长性考虑在内。"G"是企业未来几年的复合增长率（一般是三年以上）。

公式是：PEG=（每股市价 ÷ 每股盈利）÷ 每股年度增长预测值

PEG 值在 1 以下，安全性高，企业具备吸引力；PEG 值在 1～1.5 之间，安全性一般，但在可接受范围内，企业吸引力也一般；PEG 值高于 1.5，安全性偏低，公司风险较大。

修正市盈率法只适用于原利润基础稳定的企业。

5.3.5 企业价值倍数法（EV/EBITDA法）

企业价值倍数是一种被广泛使用的公司估值指标。EV/EBITDA 和市盈率（PE）等相对估值法指标的用法一样，其倍数与行业平均水平或历史水平相比，较高说明高估，较低说明低估，不同行业或板块有不同的估值（倍数）水平。

公式是：企业价值 =EV/EBITDA 倍数 × 息税折旧前盈利

其中：EV= 市值 +（总负债 – 总现金）= 市值 + 净负债

EBITDA= 营业利益 + 折旧费用 + 摊销费用（注：营业利益 = 毛利 – 营业费用 – 管理费用）

企业价值倍数法适用于资本密集、准垄断或具有巨额商誉的收购型企业；净利润亏损，但毛利、营业利益并不亏损的企业。

5.3.6 重估净资产价值法（RNAV法）

重估净资产价值法是基于资产未来可能获利的现值对企业进行估价。对于企业计划出租的项目，未来产生的现金流以租金形式体现，比较容易估算。也就是说，公司现有物业按市场价出售应值的价格，如果买下公司所花的钱少于公司按市场价出卖的价格，就表明该企业的股票在二级市场被低估。

公式是：RNAV=（物业面积 × 市场均价 – 净负债）÷ 总股份

其中：净负债 = 总负债 – 公司现有货币资金

物业面积、市场均价和净负债都是影响 RNAV 值的重要参数。而较高的资产负债率（过多的长短期借款负债）和较大的股本都将降低 RNAV 值。

重估净资产价值法适用于房地产企业或有大量自有物业的企业。

5.4 绝对估值方法

绝对估值方法包括现金流折现法（DCF 法）、经济附加值法（EVA 法）、重置成本法、实物期权法、市场撇脂法。本节只重点介绍前三种绝对估值方法。

5.4.1 现金流折现法（DCF法）

现金流折现法是把企业未来特定期间的预期现金流量还原为当前现值，企业价值的精髓还是未来盈利的能力，只有当企业具备这种能力，它的价值才会被市场认同。因此，理论界通常把现金流折现法作为企业价值评估的首选方法，在评估实践中也得到了大量应用，并且已经日趋完善和成熟。

使用此法的关键在于：①预期企业未来存续期各年度的现金流量；②找到合理的、公允的折现率；③折现率的大小取决于取得的未来现金流量的风险，风险越大，要求的折现率就越高，反之折现率就越低。

公式是：未来现金流量值（PV）= $\sum CF_n \div (1+R)^n$

式中 CF_n——第 n 年的现金流量；

R——贴现率（要求投资回报率或加权平均资本成本）。

现金流折现法原则上适用于任何企业，但对于成长期、成熟期的企业更为适用。

5.4.2 经济附加值法（EVA法）

EVA 是经济增加值的英文缩写，指从税后净营业利润中扣除包括股权和债务的全部资本成本后的所得。其核心是资本投入是有成本的，企业的盈利只有高于其资本成本（包括股权成本和债务成本）时才会为股东创造价值。

公式是：企业价值 = 投资资本 + 未来年份预期 EVA 的闲置

其中：EVA = 税后营业净利润 - 资本总成本

税后净营业利润的计算公式可以是：税后净利润 + 利息支出；或者销售收入 - （全部经营成本和费用 - 利息支出）。其中，全部经营成本和费用中包括缴纳所得税费用后的净值。因此，税后净营业利润是在不涉及资本结构的情况下，公司经营所获得的税后利润，即全部资本的税后投资收益，反映了公司资产的盈利能力。

资本总成本为全部投资资本（债务资本和股权资本之和）的成本，其计算公式是：

资本总成本 = 投资资本 × 加权平均资本成本率

EVA=投资资本×（投资资本回报率−加权平均资本成本率）

经济附加值法主要适用于一些特殊的行业。

5.4.3 重置成本法

重置成本法也称为"成本法"，是指在资产评估时，按被评估资产的现时重置成本扣除其各项损耗（实体性陈旧贬值、功能性陈旧贬值和经济性陈旧贬值）来确定被评估资产价值的方法。

重置成本法对于不存在无形陈旧贬值或贬值不大的资产，只需要确定重置成本和实体损耗贬值，而确定两个评估参数的资料，依据又比较具体和容易收集到，因此该方法在资产评估中具有重要意义。

公式是：评估估值 = 重置成本 − 实体性贬值 − 功能性贬值 − 经济性贬值

或：评估价值 = 重置全价 × 成新率

相关概念为：实体性贬值与重置成本之比称为"实体性贬值率"；功能性贬值与重置成本之比称为"功能性贬值率"；经济性贬值与重置成本之比称为"经济性贬值率"；实体性贬值率、功能性贬值率与经济性贬值率之和称为"总贬值率"或"综合贬值率"。因此，通常将（1−综合贬值率）称为"成新率"。

评估步骤如下：

（1）被评估资产一经确定，应根据该资产的实体特征等基本情况，用现时市价估算其重置全价。

（2）确定被评估资产的已使用年限、尚可使用年限及总使用年限。

（3）应用"年限折旧法"或其他方法估算资产的有形损耗和功能性损耗。

（4）估算确认被评估资产的净价。

重置成本法特别适宜于评估单项资产和没有收益且市场上又难以找到交易参照物的评估对象。

第六章
股权众筹：迅速扩展裂变外围

有人说"股权众筹是一项伟大的制度创新"。在股权的各种裂变中，众筹是最神奇的，这种全新的金融业态，颠覆了固有的商业模式，也推动了企业的创新发展，有力地将原本受资金条件限制，但成长性极好的中小企业迅速推到商业前台。当代每一位企业管理者都应该了解掌握灵活运作众筹，在有必要的时候一击而出，为企业带来强劲助力。

6.1 认识股权众筹

2015年8月,证监会对市场上处于运营中的众筹平台进行专项调查,并于8月3日下发了《关于对通过互联网开展股权融资活动的机构进行专项调查的通知》,其中做出了股权众筹在中国经济体制下的定义:"股权众筹融资主要是指通过互联网形式进行公开小额股权融资的活动,具体而言,是指创新创业或小微企业通过股权众筹融资中介机构互联网平台(互联网网站或其他类似的电子媒介)公开募集股本的活动。"

通过定义可知,股权众筹是公司出让一定比例的股份,普通投资者通过出资入股公司,获得未来收益。

6.1.1 股权众筹的发展历程

众筹的英文写法是Crowd Funding,起源于2009年在美国创办的Kickstarter众筹平台。2011年,国内首家智能设备众筹平台——点名时间,将Kickstarter的运营模式移植到中国,随后越来越多的众筹平台和产品在中国涌现。

众筹可分为非股权众筹和股权众筹。

(1)非股权众筹:非股权众筹主要表现为产品预售。通过项目发起人在互联网平台上的介绍,得到支持者的资金,回报方式多为项目制作的商品、书籍、音乐等。

(2)股权众筹:普通投资者为一些创新型企业和中小项目提供启动资金,回报方式为资金发放。

对于投资者来说,股权众筹比非股权众筹的风险更大、资金更多、回报期更长,需要更长远的投资眼光。

世界上第一个股权众筹平台Angellist于2010年诞生于美国硅谷,之后迅速传入欧洲、亚洲。股权出让的形式决定其更具金融属性,以互联网思维加以众筹式运作，极大地拓宽了创业企业的融资渠道。同时，资金的供求双方能够更好地进行信息对接和交换，让创业者有了更大的融资权利和选择空间，减少了传统股权融资渠道单一和信息不对称带来的时间和成本的浪费。

6.1.2 股权众筹的作用

虽然股权众筹在世界各地发展迅速，但相比于整个众筹市场，规模还是偏小的。但是，股权众筹已经成为国际国内热门的投资渠道，受到各类投资者的青睐，因为股权众筹对于投资领域有着不可替代的作用。

（1）扩大投资群体。项目发起者可以接触到广泛的投资者群体，还有可能寻找到特定行业或领域里具备专业素养或知识的人。

（2）传统资金加速注入平台融资。企业创立者在有融资需要的时候，可以检验哪些投资人有投资于本企业的真正需求，这有助于分解出其中更具备投资可能的投资人。

（3）创始人对企业的掌握。相比较于融资后，企业创始人容易失去对企业的掌控权，股权投资能够将所有资金都汇集到一个资金池里，这些资金会被视为来源于同一个投资人，而投资人在投资后没有对所投资金的掌控权，只有得到回报的权利。在这种规则下，创始人可以以自己的方式平稳地推进公司的业务。

6.1.3 众筹与非法集资的区别

鉴于很多企业创始人、管理者和投资人容易将众筹当成非法集资的一种形式，在此进行解释。

1. 众筹与非法集资的目的不同

众筹是以经营一个实业为目的，主要解决资金短缺的问题，由于可供抵押的资产有限、自身实力不够，从银行、信托等传统融资渠道获得资金很难，项目自身的吸引力短时间内难以吸引到天使基金等融资渠道，只能通过提供较高回报从民间募资，属于正常的生产行为。

非法集资是以资本的运作为目的，在违反金融管理法律法规的情况下，采用公开或变相公开的方式，向社会公众（单位或个人）吸收资金或者变相吸收资金，并承诺在一定期限内以货币、实物或股权等方式还本付息或者给付回报，属于非法行为。

2. 众筹和非法集资的风险不同

众筹是不以提供固定回报来制订众筹计划，而会员众筹和交预付款方式的众筹所提供的物质回报也一般以折扣或其他优惠方式体现，是建立在理性市场范畴内的理性投资行为，对募集方而言资金压力较小，投资获得增值的机会大。

非法集资以提供远高于银行利息或基金信托产品收益率的方式提供回报，对募集方而言资金压力巨大，很容易导致资金断裂而引发破产。

3. 众筹和非法集资的投资人参与度不同

众筹强调参与感，凡是参与众筹的人与企业创立者或项目发起人之间是一种彼此紧密关联的关系。

非法集资是剥夺参与权，募资方以做实业项目或资本运营的方式排斥投资人参与经营，因为投资人只追求资金回报，也基本不主动参与管理。

6.2 股权众筹的三种模式

股权众筹可以分为三种模式：领投＋跟投模式、联合投资模式和远期定价模式。

6.2.1 领投+跟投模式

"领投＋跟投模式"也被称为"辛迪加（Syndicates）模式"。经过认证的单个投资人作为领投人，负责挑选和审核项目，并首先投资所选定的项目融资额的一定比例，其余融资额由众多跟投人报团投资。在项目融资成功后，领投人需要对其余跟投人的投资资金进行后续监督和管理，同时获得高于跟投人的投资收益报酬。

领投与跟投模式的优势，从领投人与跟投人各自的角度切入（见图6-1）。

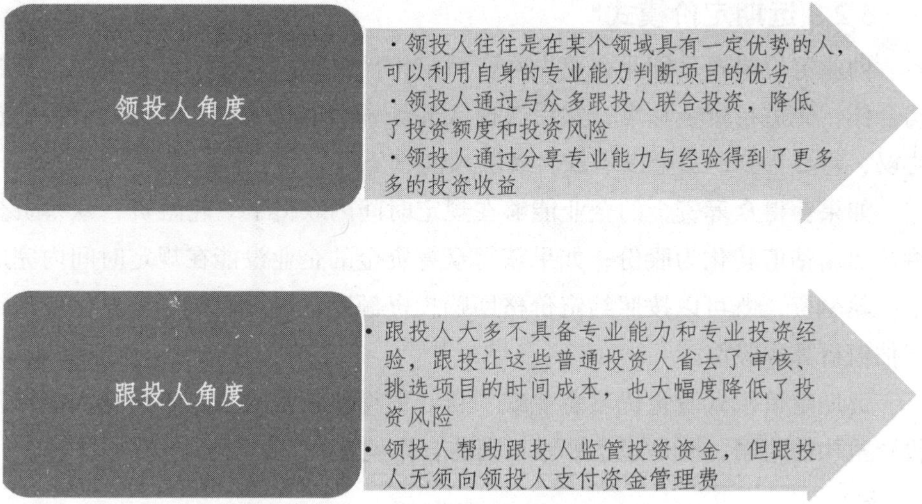

领投人角度
- 领投人往往是在某个领域具有一定优势的人，可以利用自身的专业能力判断项目的优劣
- 领投人通过与众多跟投人联合投资，降低了投资额度和投资风险
- 领投人通过分享专业能力与经验得到了更多多的投资收益

跟投人角度
- 跟投人大多不具备专业能力和专业投资经验，跟投让这些普通投资人省去了审核、挑选项目的时间成本，也大幅度降低了投资风险
- 领投人帮助跟投人监管投资资金，但跟投人无须向领投人支付资金管理费

图6-1 领投与跟投模式的优势

我们已经知道，领投人的投资回报相对跟投人要多一些，那么，跟投人的投资回报有哪些呢？

（1）所投资项目的估值增长是主要收益。

（2）分红和鼓励是最常见的收益。

（3）并购退出后的收益。

6.2.2 联合投资模式

联合投资模式也称为"集合投资"，没有领投人与跟投人之分，所有投资人的投资金额都是相等的，每一位投资人所能得到的回报也是相等的，所承担的风险同样相等。

比如，某创业公司在某股权众筹平台上众筹100万元，共有50名投资人参与投资，每一位投资人的投资金额必须是2万元。如果该企业在两年后实现A轮融资，估值也达到了原来的6倍，50名投资人至此成功退出。那么，每名投资人都可以获得12万元，投资收益为10万元／人。

采用联合投资模式的最大好处是：投资人均摊投资、均摊利益、均摊风险，投资人之间没有利益差。但最大的弊端是没有专业领投人，投资具有一定的盲目性。

6.2.3 远期定价模式

创业定价模式是创业企业先融资后定价。由股权众筹平台与顶级投资机构合作，先进行资金募集，然后选择 A 轮融资后的优质创业企业签订投融资协议，将募集到的资金以借款名义汇入创业公司。

如果获得众筹资金的企业能够在规定时间内获得下一轮融资，众筹资金将按照新估值转化为股份；如果获得众筹资金的企业没能在规定时间内完成下一轮融资，既可以按照约定价格回购投资额度，也可以按照上轮估值或约定估值折算成股份。

远期定价模式看重优质企业或项目，使得股权众筹平台不再是大型风险投资机构的附属，而是建立平等互利的合作关系。

6.3 股权众筹商业计划书需要明确的四个方面

实施股权众筹运作需要给投资者提供一份商业计划书。因为股权众筹项目是面向大众募集资金，因此披露的信息应更加完整、规范，此外还需要针对众筹这一特征附加一些特定的说明。总的来说，一份完整的股权众筹商业计划书需要明确以下四个方面的问题。

6.3.1 明确融资范围

企业在设计股权众筹之前，要先做好分析预测工作，确定多少额度是最合适的。鉴于股权众筹项目面向大众融资的特殊性，即便融资未能达到预期，也会筹集到一部分资金，如果融资成功，则往往预示着超过预期，所以企业在发起众筹之前要确定融资的可接受范围——低于预期多少视为失败，高于预期多少认筹不再接受。

比如，某公司决定出让 10% 的股份，认筹 100 万元（每 10 万元等于 1% 的股份）。公司确定：如果项目最终融资达到 60 万元，视为众筹成功，出让相对应的股份。如果项目融资超过120万元,则停止众筹,出让相对应的股份。

6.3.2 明确对投资者的要求

如今,股权众筹一般是"领投+跟投模式",所以企业在设计股权众筹时,需要明确对领投人与跟投人的要求。

1. 对领投人的要求

目前,通过股权众筹方式入股筹资企业的方式一般为:全部投资者共同成立一个有限合伙企业,由有限合伙企业持有筹资企业的股权。

领投人作为执行合伙人代表有限合伙企业进入筹资企业董事会,履行投资方的投后管理责任。因领投人需要在董事会占据一席之地,拥有投票权,因此筹资企业必须对其作出严格要求(见图6-2)。

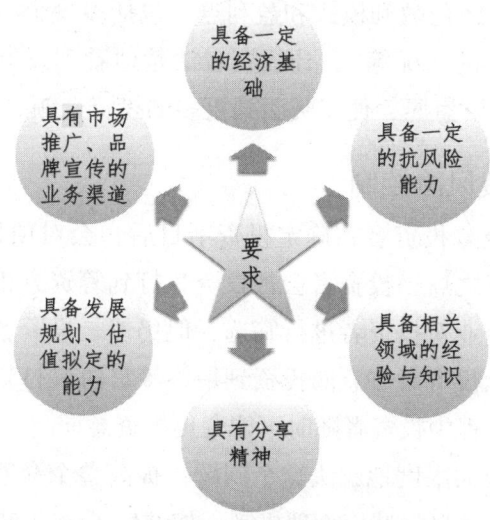

图6-2 筹资企业对领投人的要求

2. 对跟投人的要求

根据《合伙企业法》规定,有限合伙企业由两个以上50个以下合伙人设立,因此跟投人不能超过49人。筹资企业可以根据实际情况设定跟投人数范围与认筹额度范围,同时对跟投人提出一定要求(见图6-3)。

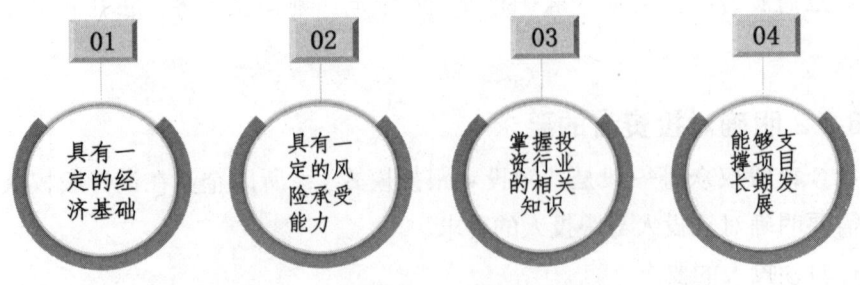

图6-3　筹资企业对跟投人的要求

6.3.3 明确项目盈利能力

不管是企业通过众筹融资，还是投资者通过众筹投资，二者的共同目的都是获得收益。获得收益的前提是众筹项目实现股权增值，即众筹项目实现盈利预期。所以，在众筹商业计划书中，需明确筹资企业发起众筹项目的盈利能力，最好写清具体的盈利模式和盈利点（包括多少个，分别是什么，有什么优势，竞争对手的情况等），让投资者清楚地看到投资后的回报，才能有效提高投资者的投资意愿，便于吸引到更多的投资金额。

6.3.4 明确投资风险控制

通常情况下，众筹投资者在确定投资项目后，会对项目进行多轮访谈。在签订合伙企业协议之后，投资者会把投资款打到筹资方相应的账户中。由此可见，虽然筹资企业对投资者进行筛选，但仍然是投资者掌握优先权，决定是否最终投资。从投资者有意愿投资到最终签订协议打款会经历一个比较长的周期，在这个过程中投资者随时可能变更投资意向。

诚信管理可以最大限度地解决这个问题，提高整个众筹过程的效率。不同的股权众筹平台有各自的诚信管理机制，如诚信评分机制、保证金制度。

6.4 股权众筹的流程

股权众筹具有一定的流程,作为投资方需要了解这些流程以便实现精准投资,作为筹资企业也需要了解这些流程以便尽快完成资金筹集。

目前,股权众筹的具体操作流程,由于项目、平台等差异,顺序或许会有变更,但基本流程是不变的。

6.4.1 项目筛选

作为投资方,低成本、高效率地筛选出优质项目是股权众筹的第一步。那么,作为筹资企业如何让投资方确认自己是优质的、可投资的,需要必备五个方面的条件:

(1)创始人要有破釜沉舟、放手一搏的勇气,还要有面对苦难百折不挠的毅力。

(2)筹资企业要组建一个能力资源互补的团队。

(3)市场上因为股权架构不合理而崩盘的企业很多,因此筹资企业的股权架构是否合理非常重要。

(4)筹资企业所在行业的市场是否具备一定的空间?项目启动两年内,市场能够容纳多少家同类型企业共存?具体数字不好给出,要视行业而定,但在传递给投资方的信息中必须注明。

(5)该项目的商业模式在逻辑上必须是成立的、能够落地实现的。这一点很重要,却经常被忽视。

6.4.2 创业者约谈

我们都知道马云在创业初期曾与软银集团董事长兼总裁孙正义有过一次关于融资的谈话,虽然那个时候没有众筹的概念,但双方就投融资进行的交谈是所有类似行为所必需的。也可以说,决定投资方最终是否投资的关键就是与筹资企业创始人的沟通，关乎到投资方对创始人的评估。通过总结马云与孙正义的谈话，再结合其他案例，总结出一些筹资企业创始人必须具备的关键要素（如图6-4所示）。

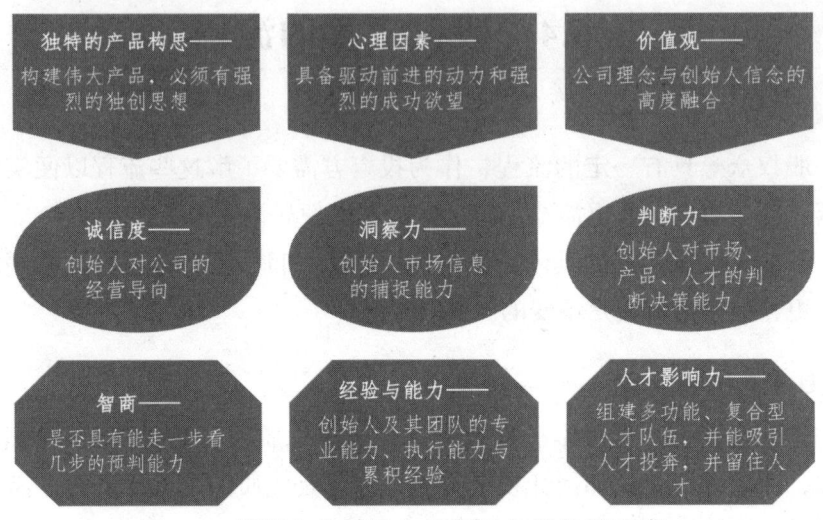

图6-4　筹资企业创始人必须具备的关键要素

6.4.3 确定领投者与引进跟投者

因为目前的股权众筹模式多数采用"领投+跟投模式"，因此对于领投人和跟投人的选择非常重要。

1. 确定领投者

优秀领投人通常为职业投资人，在某个领域或多个领域有丰富的专业能力、判断能力、行业资源和投资经验，其自身影响力也不容小觑。能够专业地协助项目完善商业计划书（BP）、确定估值、投资条款和融资额、协助路演，完成本轮跟投融资。因此，项目领投人必须具备以下资格：

（1）至少投资过一个金额在20万元以上的股权投资项目。

（2）至少有一次成功的股权投资退出经历。

（3）个人名下金融资产（银行存款、股票、债券、基金份额、资产管理计划、银行理财产品、信托计划、保险产品、期货权益等）市值在300万元以上，或最近三年个人年均收入不低于50万元。

（4）机构领头人净资产不得低于1000万元。

2.引进跟投者

跟投人在股权众筹过程中虽然出资额度小，但因为人数多，如果管理不善，同样会引发诸多问题，因此对跟投人的资格要求如下：

（1）个人金融净资产在100万元以上，或个人年收入高于30万元。

（2）专业投资机构的专业投资经理人。

（3）自主申请并获得领投人认可。

6.4.4 签订投资意向书

当投资方确定投资意向后，会和筹资企业创始人签署一份投资意向书。这份投资意向书只是投资方与创始人之间的一份保密或排他协议，不涉及投资的具体条款。

投资意向书主要约定以下四个方面的内容：

（1）价格条款：投资方对筹资企业的估值和计划投资的金额，企业预计出让的股份比例。

（2）义务条款：筹资企业应负的主要义务。

（3）权利条款：投资方要求得到并被接受的主要权利。

（4）控制条款：包括董事会席位、企业治理等方面。

注意：投资意向书本身并不对协议签署双方产生全面的约束力。

6.4.5 设立有限合伙企业或签订代持协议

在股权众筹的过程中，领投人与跟投人入股筹资企业的方式通常有两种：

（1）设立有限合伙企业，以基金形式入股筹资企业，领投人作为有限合伙企业的普通合伙人，跟投人作为有限合伙人。

（2）通过签订代持协议，入股筹资企业，领投人负责代持并担任筹资企业董事。

这两种形式的区别在于：前者存在一部分只在自己出资范围内承担的责任，且不从事筹资企业经营管理的合伙人。后者则是参与到筹资企业的经营管理中，因此所承担的责任将以所签署的众筹融资合同中规定的为准。

6.4.6 签订正式投资协议

正式投资协议是股权众筹过程的核心，主要规定投资方支付投资款的义务及其付款后应获得的股东权利，并进一步规定了筹资企业及创始人的权利义务。具体规定请参见表 6-1。

表6-1　股权众筹正式投资协议中应包含的规定

条款	具体解释
交易结构	投资方与筹资企业以何种方式达成交易，包括投资方式、投资价格、交割安排等
先决条件	鉴于筹资企业与原股东可能还存在一些未落实的事项，因此在投资协议中需约定对相关方相关事项的控制
承诺与保证	对于投资协议签署之日至投资完成之日期间，可能发生的妨碍交易或有损投资方利益的情形，需在投资协议中约定由筹资企业及其原股东承担，并做出承诺
公司治理	投资方可与筹资企业的原股东就公司治理的原则和措施进行约定，如董事、监事、高管人员的提名权；股东大会、董事会的权限和议事规则、分配红利的方式；保护投资方的知情权；禁止同业竞争，限制关联交易，关键人员竞业限制等
反稀释	通常筹资企业会在日后再次进行多轮融资，为防止投资方持股比例被稀释或大量稀释，要在投资协议中加入约定反稀释条款，包括对持股比例底线的约定和优先认购权的约定等
估值调整	也称"对赌条款"，筹资企业控股股东向投资方做出承诺：①未实现约定的经营指标；②未实现上市、挂牌或被并购目标；③其他影响估值的情形，可对约定的投资价格进行调整或者提前退出
出售权	当筹资企业基本丧失投资价值时，投资方可出售股权，提前退出

6.4.7 投后管理

投后管理服务的对象是投资方，帮助投资方及时了解项目投后的经营进展情况。由于企业面临的经营环境在不断变化，经营发展受到各种因素的影响和限制，增加了经营的难度，即增加了投资收益的不确定性和风险性，如市场风险、政策风险、技术风险、管理风险、法律风险等。

投后管理正是为降低投资风险而进行的一系列措施。投资方可以阶段性跟进资金的去处,并了解企业的经营状况,如有疑问困惑可向企业经营者提出,以得到回复为准。投后管理必须是持续的,只有不在任何情况下出现间断,才能掌握最为准确的第一手资料。

良好的投后管理虽然不能完全消除潜在风险,但将从主动层面减少潜在风险,提高企业经营的成功率,实现投资的保值增值。

6.5 股权众筹的风险防范

国内股权众筹虽然蓬勃发展,但仍处于起步阶段,很多机制尚在摸索中,这也导致了股权众筹中存在着风险。但投资本身就与风险相伴,除了要确定是在法律法规规定的范围内,还要事先衡量自己的风险承受能力。那么,股权众筹有哪些风险呢?

6.5.1 股权架构风险

我国法律法规对股东人数有明文规定,有限合伙企业的股东人数不得超过50人,非上市的有限责任公司和股份有限公司的股东人数不得超过200人。但股权众筹会引发企业股东人数的增加,当超过法律规定的数量,企业会采用一些措施规避,但会引发风险。

(1)委托持股。由某一个实名股东持有其他股东的股份,并进行工商登记。但代持股人的信用是众筹股东所关注的,是否会出现筹资企业不认可众筹股东身份的情况?

(2)有限合伙企业持股。50个众筹股东成立有限合伙企业作为持股平台,由有限合伙企业把投资款投给筹资企业,由持股平台作为筹资企业的股东。但这种方式只适用于无上市预期的筹资企业。

进行股权众筹融资时,既要保证投资方的投资行为合法化,又要保证筹资企业上市时股东数量适当。因此,为了防范股权架构风险,我们认为企业主体应尽量不采用众筹形式,在子公司或门店可以采用众筹方式,将众多投资人锁定在股权架构的底端,并承诺未来企业上市时进行股权回购。

6.5.2 投资人非理性风险

股权众筹的核心目的是吸收社会闲散资金，降低融资成本，所以投资门槛也一同降低，曾经没什么投资机会的普通投资者也可以参与进来。但相对于职业投资人，普通投资者没有投资经验和投资判断力，更多的是凭借着众筹发起人的商业计划书和自己的直观感觉进行投资。这种"艺不高，却胆大"的投资行为，显然是没有意识到资本市场的残酷，因而极易选择那些高风险、高收益的投资项目，投资行为欠缺理性，还很容易坠入非法集资的圈套中。

为告诫普通投资者理性投资，不仅要在法律层面完善众筹投资的规章规范，还要培养普通投资人的投资意识，增加他们的投资知识，让他们的投资回归理性，不仅对其自身有好处，对整体投资环境也有好处。

6.5.3 资金监管风险

目前，股权众筹平台仍处于野蛮式生长阶段，很多规范尚不健全，比如最受人们关注的资金管理问题，会出现下面这些状况：

（1）线上直接打款投资。这是对资金最欠缺管理的方式，也会助长投资人的非理性投资行为，同时增加筹资方虚拟投资项目，携款潜逃的风险。

（2）线上提交，线下转账。线下转账是要留给投资者一定的思考时间，助其规避投资的不理性行为。但弊端是投资者对资金的去向不明确，不知道投资资金是否真实地用到项目中，还是被挪作他用。

（3）借助第三方银行托管或监管。对众筹平台使用投资资金具有较大的约束力，对账户的现金流向具有较好的监控作用，投资者也比较容易追回投资失败的款项。

6.5.4 公司管理风险

采用股权众筹后，会发现众多投资者是自然人持股，对公司治理都有发言权，看似保障了各个股东的权利，却导致公司发展战略难以统一。而且，很多小股东无法亲自参加股东会，在需要其表决和投票时经常缺席，公司重大事项决策难以进行，运营必将出现问题。

因此，以领投方（专业投资机构或资深投资人）为 GP 成立一个有限合伙企业进行众筹投资，是很有必要的。领投方作为普通合伙人，代表众筹投资人参与筹资企业的股东会，并给予一定的战略指导意见，其他股东作为有限合伙人不参与筹资方公司的经营管理，但可以进行监督，掌握知情权。

6.5.5 股权分红和退出风险

1. 分红风险

因为《公司法》并未规定公司有税后可分配利润就必须分红。因此，筹资企业可以用一句"税后利润要用于公司长期发展的再投资"，将众筹股东的投资回报诉求拒于千里之外。即便那些进行分红的项目，是真正按照公司的盈利情况进行分红的吗？

可见，在没有法律强制保护的情况下，众筹股东只能自己保护自己，最好要在公司章程中约定强制分红条款，即如果有税后可分配利润，每年必须在指定的日期向众筹股东分配。

2. 退出风险

许多投资者并不看重项目分红，而是更在意未来企业上市后股权的高溢价。那么，代持股和有限合伙企业持股在筹资企业上市后如何退出，并享受股权增值呢？

代持股要进一步完善代持协议，保持众筹投资人与代持人的一致性。有限合伙企业必须在合伙协议中明确规定股权转让时的利益分配机制，及上市后股权转让和退出机制。

第七章
股权融资：无限延伸裂变纵深

　　股权融资是企业的股东愿意让出部分企业所有权，通过企业增资的方式引进新的股东，同时使企业总股本增加的融资方式。股权融资所获得的资金，企业无须还本付息，新股东与老股东同样分享企业的盈利与增长。

　　在当今时代，股权融资能够为企业带来普通融资所无法达到的资本优势，可以助力企业进一步扩大发展。

7.1 资本市场概况

资本助力企业腾飞，想要获得资本青睐，先要了解资本市场的状况，看看企业获得资金的途径有哪些，才有机会从中选择最适合企业发展的资本投资。

7.1.1 什么是资本市场

通常来说，资本市场可以分为六种类型，分别是货币市场、股权市场、周边市场、衍生市场、政策市场、综合市场。

与企业经营关系最密切的是货币市场和股权市场，其中货币市场可分为商业银行市场、债券市场、票据贴现市场、民间借贷市场、金融租赁市场、典当市场六类；股权市场可分为公募市场（细分为境内市场和境外市场）和私募市场（细分为财务投资市场和战略投资市场）两类。

而国内股权公募市场还可以另一种方式细分为国内股市（细分为IPO或买壳上市、市场价值管理）和其他股市（细分为产权交易市场、"新三板"、天津滨海柜台交易市场）。

7.1.2 资本方的分类

股权融资的主体为企业，依据融资的底层权益可以分为债权融资、股权融资两类。因此，作为融资企业的管理者，必须要分清楚资本方的类型。

1. 债权融资

债权融资又称为"债务融资"，是指通过增加企业的债务筹集资金，包含利息支付的融资方式。

在债权融资中，企业以签订协议的形式吸收民间或其他企业资金，由此汇集成为企业的全部或部分资金，其中包括法人投资、外商投资、社会公众投资、金融机构投资、银行贷款、第三方理财、信托公司、天使基金、过桥贷款、信用融资、政策融资等。

企业贷款可分为大额借贷和小额借贷，但并没有明确界定，业内通常认为 2000 元至 10 万元的贷款为微小贷款；10 万元至 500 万元的贷款为小额贷款；500 万元以上的贷款为大额贷款。

2. 股权融资

股权融资是指通过扩大企业的所有者权益，如吸引新的投资者、发行新股、追加投资等方式筹集资金，而不是出让现有的所有者权益或转让现有股票。因此，股权融资能够为企业带来新的资本，却稀释了原有投资者对企业的控制权。

股权融资的最主要类型是公开发行股票，可以根据不同形式划分为图 7-1 所示几类。

图7-1 股权融资中公开发行股票分类

7.1.3 股权融资的特点与优势

股权融资有三项特点：

（1）长期性：股权融资筹措的资金具有永久性、无到期日、不需归还的特点。

（2）不可逆性：企业采用股权融资不用归还本金，若投资人欲收回本金，需借助于流通市场。

（3）无负担性：股权融资没有固定的股利负担，股利的支付与否和支付多少视企业的经营需要而定。

股权融资在企业投资与经营方面具有三大优势：

（1）股权融资需要建立较为完善的公司法人治理结构（由股东大会、董事会、监事会、高级经理组成），相互之间形成多重风险约束和权力制衡机制，以降低企业的经营风险。

（2）在金融交易中，人们更重视信息的公开性与可得性，因此证券市场（又称"公开市场"）从信息公开性和资金价格的竞争性两方面来讲优于贷款市场（也称"协议市场"）。

（3）如果融资方（借款方）在企业股权结构中占有较大份额，那么其运用企业借款从事高风险投资和产生道德风险的可能性将大为减小。因为如果这样做，借款方自己也会蒙受损失，所以借款方的资产净值越大，其按照贷款方的希望和意愿行事的动力就越大，银行债务拖欠和损失的可能性就越小。

7.2　股权融资的方式

在企业融资的多种方式中，股权质押融资、私募股权融资、股权增资扩股融资和"新三板"融资，逐渐成为中小企业利用股权实现融资的有效方式。

7.2.1　股权质押融资

股权质押融资是指出质人以其所拥有的股权作为质押标的物而设立的质押，也就是把"股票持有人"持有的股票（股权）当作抵押品，向银行申请贷款或为第三者的贷款提供担保。这种把股权质押作为向企业提供信贷服务的保证条件，增加了中小企业的融资机会。

质押以质押人的标的物为准，可分为动产质押和权利质押。股权质押属于权利质押的一种，是市场上补充流动性的常用方式。通常情况下，如果一家企业选择股权质押，其融资就会打折扣。比如，某公司向银行融资1000万元，可能需要质押的股权价值须在2000万元以上，折扣在3～6折不等。

由于股票市场波动较大,若股价上涨,将来的事情都好解决。如果股价下跌,企业就有可能出现无法偿付本金的风险。为尽可能降低风险,银行会为个股设置预警线(160或150)与平仓线(140或130)。

比如,一只个股质押时市值为10元/股,质押率为五折,预警线为160,平仓线为140。那么,预警价位为:$10×0.5×1.6=8$元,即股价下跌20%即为预警价了。平仓价位为:$10×0.5×1.4=7$元,即股价下跌40%银行就可以强制平仓,以保住本金。

当然质权方也不愿意强制平仓,如果股价一直下跌,质权方就会要求出质方补仓,这时候企业就要考虑是继续补仓还是就此收手平仓,因为补得多了,若股价仍不见好转,到时很可能会失去对企业的控制权。

综上所述,虽然目前股权质押已经成为企业补充资金流动性的常用方式之一,但风险也较大,特别是上市公司股票质押。

7.2.2 私募股权融资

私募股权融资(PE)是相对股票公开发行而言的,以股权转让、增值扩股等方式通过定向引入累积不超过200人的特定投资者,使公司增加新的股东,获得新的资金的行为。近几年,私募股权融资已经成为国内非上市公司利用股权直接融资的有效方式之一。

私募股权融资向具有高成长性(不一定具有高科技与新技术)的非上市企业进行股权投资,并提供相应的管理和其他增值服务,以期待通过IPO(公开募股)或者其他方式退出,实现资本增值的资本运作过程。

私募股权融资的特点如下:

(1)在运作流程上,私募股权融资的手续较为简便,企业能快速获得所需资金,且一般不需要抵押和担保。

(2)在资金来源上,私募股权融资主要面向机构投资者(风险基金、杠杆并购基金、保险公司等)或个人,以非公开方式募集,其销售、赎回也是以非公开方式进行。

（3）在融资工具上，私募股权基金多采用普通股、可转让优先股以及可转债的形式。

（4）在交集程度上，私募股权投资者在所投资企业的经营管理上积极主动，为企业提供有效的策略、融资、上市和人才方面的咨询及支持。

（5）在投资期限上，私募股权投资期较长，通常为3~5年或更长。

（6）在企业关注点上，追求成功率和高额回报率，因此私募股权投资者通常青睐成熟的企业。

（7）在退出方式上，企业上市可实现财富增长，提升企业抗风险能力。IPO后进入公开市场，投资机构的利润更容易变现。

7.2.3 股权增资扩股融资

股权增资扩股融资也称为股权增量融资，是权益性融资的一种形式，是有限责任公司和股份有限公司上市前常用的融资方式。

对于有限责任公司来说，增资扩股通常指企业增加注册资本，原股东有权优先按照实缴的出资比例认缴出资，如果全体股东约定不按照出资比例优先认缴出资，则由新股东出资认缴，使企业的资本金增强。

对于股份有限公司来说，增资扩股是企业向特定对象发行股票募集资金，原股东增加投资扩大股权或新股东投资入股，增加企业的资本金。

增资扩股融资有如（图7-2）所示优点。

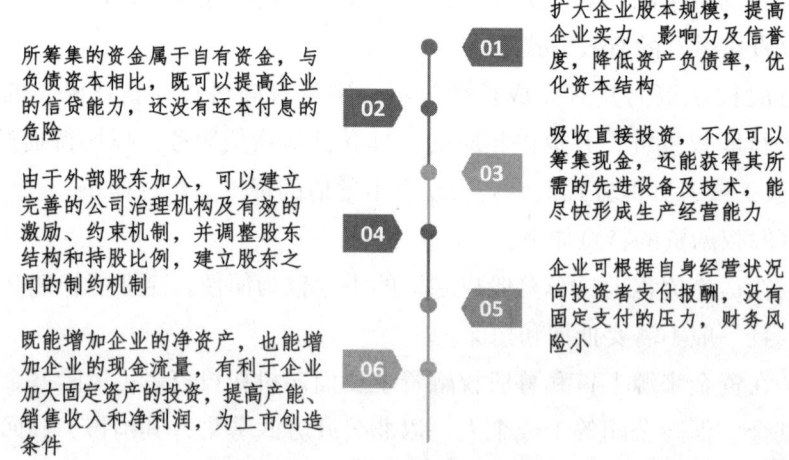

图7-2 增资扩股融资的优点

7.2.4 "新三板"融资

目前,"新三板"是全国性的非上市股份有限公司的股权交易平台。"新三板"具有挂牌门槛低、挂牌费用少、挂牌效率高等优点。

在"新三板"挂牌的企业可以通过定向发行来融资,融资金额少则三五百万元,多则三五千万元。

"新三板"的挂牌速度较快,股改要 2~3 个月(如有需要),主办券商进场尽职调查及内部审核要 1~2 个月,协会审查要 2 个月,经协会核准后可以进行股份登记挂牌,全部流程约计半年。

挂牌成功之后,进行融资和资本运营。定向发行股票融资是"新三板"挂牌企业最重要的融资方式,可以在申请挂牌的同时发行融资,可申请一次核准,分期发行。

在"新三板"平台上,挂牌公司的股票可以在全国股份转让系统公开转让。新三板企业股份可以流动,老股东可以变现,只要不是控股股东和实际控制人,就可以随时变现退出。

7.3 投资人对股权融资商业计划书的五个关注点

股权融资商业计划书,是企业为了达到融资目的,根据一定的格式、内容、要求编辑整理的向投资者全面展示企业当前情况、未来发展潜力的书面材料。

专业的股权融资计划书对于融资企业来说,既是获得融资的必备材料,也是企业对自身现状与未来发展战略全面思考与重新定位的过程。在编写融资商业计划书时,应该借助投资者的思维,思考对方的关注点是什么,然后把对方关注的点都体现在计划书上。虽然各行各业企业的融资情况不尽相同,对融资商业计划书的要求也不尽相同,但是有几项内容是必须要交代清楚的。

7.3.1 产品优势

在进行投资项目评估时,投资者最关心的是融资企业的产品相比于其他同类企业的产品有什么优势。优势越大,投资者投资的兴趣就越高;优势越独特，投资者的投资信心就越足。因此，融资企业应在商业计划书上尽量标清产品的内容和优势。具体包括如下：

（1）产品的名称、性能和特性。

（2）产品所处的生命周期，处于导入期和成长期的产品更有投资价值。

（3）产品的市场竞争力如何？相比竞争产品的差异在哪里？优势是什么？

（4）产品的市场前景预测，大概在多少时限内能占据多少市场份额？

（5）是否具备产品专利？

7.3.2 团队状况

产品研发与销售、公司管理、市场开拓、原料供给、设备运转等，都是由人来实现的，即企业的团队。团队是企业最为核心的竞争能力，团队综合能力越强，投资者投资意愿就越高。因此，融资企业应在商业计划书中对核心团队的人员组成和运作情况进行介绍。

（1）主要成员。如创始人情况、关键岗位负责人情况、核心技术人员情况等。

（2）团队分工。核心成员的工作岗位、所掌握的权力、所负责的领域、所承担的责任、所享有的利益等。

（3）教育背景。这一点非常重要，学历和相关的培训能让团队的知识结构和能力体系更为出众。

（4）工作能力。核心团队成员的能力值的大概范围、曾经担任的职务、解决过的难题、执行过的计划、取得过的重大成绩等。

7.3.3 市场分析

企业处于什么样的外部环境中，是蓝海市场还是红海市场，是旧有市场还是新兴市场，对于投资者是否决定投资有重大影响。毋庸置疑，大多数投资者都愿意投资新兴市场，就像互联网企业备受投资者青睐一样。但也不代表投资旧有市场的企业就一定会失败，还要考虑更多因素来进行综合判断。总之，融资企业在制作商业计划书时，必须要让投资方清楚企业的定位和发展状况，不能隐瞒和虚报，毕竟市场就摆在那里，企业如何透过市场可以看得清清楚楚。

（1）市场规模。每个市场的规模都不同，其所蕴藏的细分市场数量也不同。不是市场规模大就一定对吸引融资有好处，还要看竞争激烈程度。市场规模小，相应的竞争也小，依然会受到投资者青睐。

（2）市场增长速度。快速增长的市场会吸引投资者到来，但也会吸引大量竞争对手到来。在这种情况下企业能否站稳脚跟就成了投资方考量的重要因素之一。

（3）竞争对手的情况。竞争越强，则利润空间越低，但相对应的能生存下来的企业成长性也较好，因此需要辩证地看待。

（4）创新速度。迎接市场的挑战离不开创新，企业产品持续地更新换代才能增强其在市场上的被认可度，也才能引起投资者的注意。

7.3.4 财务预测

财务预测是融资商业计划书中很重要的部分，也是投资者关注的焦点。企业应该向投资方展示与自身相适应的财务预测表。比如，企业未来三年、五年的利润预测表、损益表、销售预测表、预计现金流量表、资产负债表等。通过财务预测，投资者才能对自己准备投资企业的收益有比较具体的概念。

那么，融资商业计划书中的财务预测表具体是怎样的呢？我们以某企业未来三年预计现金流量表为例（见表7-1）：

表7-1　某企业融资时所展示的未来三年预计现金流量表　　　单位：万元

年份	2016	2017	2018
期初余额	6	12	11
销售回款	66	98	124
新增借款	17	22	26
募集资金	10	18	0
流入小计	93	138	150
支付土地款	20	25	25
土地储备支出	11	18	28
支付工程款	37	52	70
归还贷款	15	20	22
经营开支	5	8	13
流出小计	88	123	158
期末余额	11	27	3

7.3.5 投资回报

投资回报率是融资商业计划书中极为重要的部分，是投资者最为关心的一环，毕竟投资都是为了获得回报，回报率的高低关系到投资者的兴趣。

融资时企业必须要向投资者表明两个问题：①投入资金的回报率怎样计算？②投资后多长时间或者经营达到怎样的目标可以获得回报？

比如，投资者A向X公司投资300万元，换得20%的公司股权。三年后，该公司成为拥有4000万元税后纯利润的大中型企业，达到了可以获得投资回报的业绩标准。那么投资者得到回报是多少呢？4000万元×20%=800万元，即该投资者用300万元换得了800万元的回报。

7.4 股权融资的流程

股权融资是资本与企业间的操作，具体流程并不复杂，只要把握好其中的每个步骤，企业就能平稳地与资本对接。

7.4.1 融资企业前期准备

当企业决定开启股权融资后，需做好必要的准备工作，具体包括：

（1）寻找一家投资银行或融资顾问机构，签订服务协议。

（2）组建专职团队，准备相关的股权融资材料，其中主要有融资备忘录（公司简介、公司结构、产品、业务、市场分析、竞争者分析等）、历史财务数据、财务预测等。

（3）在投资银行的帮助下，设立目标估值，即企业愿意以多少股份来换取多少资金。

做好这些准备后，企业才可以走进资本市场寻找契合的融资对象。其中，一份出色的融资商业计划书必不可少。关于商业计划书的内容，我们在7.3中做过介绍，在此不做赘述。

7.4.2 投行牵线

在企业确定了出让股份的份额之后,投资银行将与相关投资机构取得联系,向他们介绍融资企业的情况,发送企业的融资材料,并围绕这些材料同机构进行详细讨论。如果融资企业的情况良好,就足以引起投资机构的兴趣。

但兴趣归兴趣,投资机构还会就一些不清楚的地方向投行提出几轮问题,投行不仅会回答这些问题,还会代表企业与机构进行深入且频繁的沟通。这一过程不仅使得投资机构对企业有了进一步的了解和判断,也让投行能确定出哪一家投资机构最优秀、对企业最有兴趣,并给出最高估值。

对投资机构的判断来自四个方面:①投资战略和偏好;②市场品牌与服务质量;③投资管理的风格;④投资机构的文化。

7.4.3 企业与多家投资机构正式接触

投行犹如"中间人"的角色,帮助融资企业和投资机构牵线搭桥。经过前面几轮的接触沟通之后,企业对投资机构也有了相应的了解,会最终选择出适合的投资机构(通常为多家投资机构)。但并不是融资,而是实质性接触。

在投行的安排下,企业负责人(不一定是最高负责人)和投资机构代表直接会谈,确定正式合作关系。

在会谈中,投行会继续自己的"中间人"角色,派出专业人士与会,为双方解答疑问。此后,投行会总结出与不同投资机构的与会结果,列出详细对比,供企业进行选择。

7.4.4 企业路演与机构调查

正式接触结束后,接下来是实战考察期。融资企业需要进行路演,就是在公共场所进行演说、演示产品、推介理念,以及向外界推广自己的公司、团体、产品、想法。路演是企业对外"秀"自己的绝佳路径,优秀的企业可以借机展现实力。

路演结束后,对企业的融资项目感兴趣的投资机构(通常为多家)可以主动与企业接触,并进行立项调研。在调研过程中,投资机构会实地对企业进行产业调查,包括产品生产、研发能力、销售状况、团队组合、管理能力、危机处理能力、不动产价值、门店状况、办公地点等,最终做出是否投资的决定。

7.4.5 签订投资意向书

对融资企业的调研结束后,就到了做决定的时候:投资机构决定投资意向,会向融资企业发出投资意向书(初步的投资合同,其中定义企业的估值和部分具体条款);融资企业决定是否接纳(或许不止一家投资机构发来投资意向书),如果接纳就表明态度。

在企业确定某一家投资机构后,双方正式签订投资意向书,同时投资机构对企业进行尽职调查。

所谓尽职调查,又称"谨慎性调查",是指投资方在和融资目标企业产生正式合作意向后,经过相互协商,由投资方对目标企业所有与投资有关的事项进行现场调查和资料获取、分析(见图7-3)。

图7-3　尽职调查的主要内容

7.4.6 合作谈判

经过多轮的相互调研、考察和了解之后,融资企业与投资方进入了合作谈判阶段。在谈判过程中,投资方会提出企业融资的法律、财务的框架性建议,并围绕融资的最终价格、股份形式、分割比例、董事会组成、分阶段企业发展目标、管理层激励方案、投资方退出安排等提出建议。

在融资谈判阶段,占据优势的是投资方,掌握企业需要的资金资源,往往所提建议会倾向己方,而融资企业为了尽快获得资金注入,便会放低要求,彻底陷入被动。其实,企业完全不必自降身价,投资方的资金主要用于投资,能找到合适的投资对象也非常不容易。因此,相比于企业的自降身价,投资方更希望借助投资实现资本增值。

总之,融资企业在与投资方进行谈判时,需要清楚对方的哪些建议或要求是公平的,哪些是不公平的。而只有建立在公平的基础上,融资才会顺利进行。下面,给出融资企业与投资方围绕股权协议所洽谈的重点内容,以供参考(见图7-4):

具体内容

- 战略定位——主体定位、发展目标和模式等
- 价值评估——净资产、市盈率、现金折现率等
- 投资方式——实物、知识产权、土地使用权
- 股权比例——绝对控股、相对控股与参股
- 决策权与经营管理权——股东会/大会、董事会、高级管理人员任命
- 公司名称与产品品牌——经营需要、消费者与公众反映
- 承诺、保证与违约责任——先签订协议或制定规章,依照协议或规章处置

图7-4 融资企业与投资方合作谈判的重点

7.4.7 签订正式投资协议

当融资企业与投资方认可了投资协议合约之后,融资流程进入"双方管理层认可"阶段。此时,企业应根据公司章程和相关法律规定,召开股东会/大会,通过融资协议。届时融资才算真正获得认可。

得到股东会/大会认可,进入融资最关键的环节——签订最终投资协议。

该阶段包括对投资方案的设定和谈判,其中涉及投资工具、投资方式、交易架构的选择。同时,还包括对投资数量、投资时间、分红、利息政策、企业经营范围、资产评估、兼并收购、实现投资回报渠道的设定与

谈判。

在签订协议时，双方应约定仲裁，尽量减少法律风险，避免在未来可能出现的法律纠纷。约定仲裁的地点设置，应尽量取中立的一线城市。

7.4.8 正式合作，确认落实

投资协议签订后，预示着融资企业与投资方正式开启合作。融资企业与投资方首先要做的是兑现谈判协议的各项内容，即企业全部或部分的股权发生转移，投资方则将投资资金按照投资协议的约定方式提供给企业。同时，必须在企业备份档案，有条件的大中型企业可以举行新闻发布会等活动。

股权的转移不只需要企业进行主要操作，还需要企业的股东配合操作。企业的新老股东需办理工商注册变更手续，取得合法地位。

随后，企业要召开股东会/大会、修改公司章程、提名董事（来自投资方）、召开新的董事会，再由董事会聘任高管团队，明确企业的未来发展方向。

7.4.9 变更与退出

融资企业和投资方的合作是"终身制"，当融资企业发展到一定规模，投资方可以退出。此时退出无疑是双方合作最美好的结果。

（1）上市退出。融资企业发展到一定规模，公开上市，投资方的资本安全退出，并获得高额回报。

（3）借壳上市。融资企业通过收购某一上市公司的部分股权，取得对其的实际控制权后，再注入自身的优质资产，实现间接上市。随后，投资方再逐步退出融资企业。

（3）管理层收购。目标企业的管理团队利用借贷或融资，购买融资企业的股份，从而改变融资企业原有的所有权、控制权和资产结构，实现企业重组并获得收益。通过这样的收购，投资方能够在获得超额回报的前提下安全退出。

（4）股权转让。投资方退出时，将股权变现，撤出所投企业，实现资本增值。这是最常见的退出方式，具体包括如下三种形式（见图7-5）：

- 企业回购——融资企业有优先回购权
- 企业收购——投资方将股份转卖给其他企业，或者融资企业被其他企业整体收购
- 二次出售——投资方为了从法律上获得更多支配空间和权利，百分之百收购所投资企业

图7-5　股权转让的三种形式

7.5　股权融资的致命陷阱

融资有风险，对于投资方来说，输掉的是一笔资金，对于融资企业来说，输掉的将是企业的控制权，甚至是企业的未来。下面，将股权融资的暗流逐一揭露，若有涉及需格外注意。

7.5.1　财务业绩对赌

2007年初，为解决扩大生产规模，尽快实现上市，湖南太子奶集团生物科技有限责任公司（下文简称太子奶集团）在引进英联、摩根士丹利、高盛等风险投资7300万美元时，签订了对赌协议：在收到7300万美元注资后的前三年，如果太子奶集团业绩增长超过50%，就可以降低对方股权；如果完不成30%的业绩增长，太子奶集团创始人李途纯将会失去控股权。

2008年，太子奶集团董事长李途纯动用大量资金用于房地产，然而国际金融危机爆发，国内又发生"三鹿奶粉事件"，令牛奶销售量锐减。

2010年4月，太子奶集团身负巨债宣布破产。7月23日，株洲市对外界通报，株洲中院依法裁定太子奶集团进入破产重整程序。

因为在财务业绩上对赌失算，太子奶集团最终被三大投行"鲸吞"。可见，在进行财务对赌时，企业应根据自身状况，设定合理的业绩增长幅度，切忌以赌徒心态去承诺高估值。

7.5.2 上市时间对赌

2010年,某餐饮连锁企业为支持门店扩张计划,引入国内知名投资机构。当时企业估值约20亿元,投资机构以2亿元换取企业10%的股权,并与该企业创始人签署了对赌协议:如果非投资方原因造成企业无法在2014年上市,那么投资方有权以回购方式退出企业。

在随后几年的IPO进程中,企业屡次失败。最终触发了对赌条款,投资方要求创始人按对赌协议高价回购股份。该企业只好再进行更大规模融资以回购投资机构的股份,企业因此失去了更多股权。后来几经转手,企业被其他机构接管,创始人彻底出局。

这是非常典型的以上市时间作为对赌条件的融资约定,对企业而言,虽然成功后得利丰厚,可一旦失败就会万劫不复。而企业上市成功本就不是大概率事件,如同陷阱摆在眼前,必须格外谨慎。

7.5.3 债权和债务

某融资企业与投资方在签署的融资协议中约定:股权交割完成后,出现实际发生未披露的赔付后,投资方有权要求公司或大股东赔偿。

该条款关乎公平公正的问题,投资是高风险的事情,因此投资方有权了解融资企业的对外担保或债务问题,融资公司也必须依法披露相关信息。如果融资企业有意隐瞒,在融资成功后才暴露,那么投资方有权要求企业或企业股东赔偿因未披露的信息所造成的损失。赔偿计算公式是:债券和债务赔偿金额 = 公司承担债务和责任的实际赔付总额 × 投资方持股比例。

7.5.4 关联交易

某融资企业与投资方在签署的融资协议中约定:为防止利益输送,在企业上市前,不得与主企业之间发生不符合企业章程规定的关联交易,否则企业或企业大股东须按关联交易额的一定比例向投资方赔偿损失。

该条款涉及企业经营的延展性,可以扩展,但有边界限制和形式限制。要求融资企业在约定期间不得发生不符合企业章程规定的关联交易,其中,企业章程就是边界,关联交易就是形式。如果触犯,企业或企业大股东必须对投资方进行相关赔偿。

7.5.5 竞业限制

某融资企业与投资方在签署的融资协议中约定：企业上市或被并购前，创始人不得离职。

该条款是对企业创始人的未来进行限制，目的是保护企业的经营独特性和竞争性。上述约定直接限制创始人不得离职，是相对硬性的，没有任何回旋余地，无论如何创始人都要待到公司上市或被并购。除非在此期间企业经营不善，投资方退出，协议无效；或者企业解散清算，协议无效。

还有一种相对软性的约定，就是企业创始人在未达到某项业绩或目的之前可以离职，但几年内不得从事与原企业业务相竞争的行业，也不得通过其他企业或以其他任何方式从事与原企业业务相竞争的业务。

7.5.6 非财务业绩

某融资企业与投资方在签署的融资协议中约定：在一定时间内，企业用户数量必须做到 X（多少）量级，否则投资方有权以回购方式退出企业。

这也是对赌协议中的一种，但与常见的以财务业绩对赌不同，这是非财务业绩对赌，可以是上述约定的用户数量，也可以是 KPI、产品产量、产品销售量、研发技术、市场份额等。

如果以财务业绩对赌，必将对企业造成强大的压迫感，除非对企业非常有信心，否则不敢"应战"。非财务业绩对赌的压迫感不那么强烈，会让人放松警惕，但实际效果是相同的。如果企业经营不当，不仅财务业绩难以达到，非财务业绩也同样难以达到，对赌依然会失败。

7.5.7 控制权

控制权的陷阱通常有两个：一是管理层对赌，二是强卖限制。

某融资企业与投资方在签署的融资协议中约定：如果企业不能在 2018 年底前实现上市，那么投资方可获得企业董事会中的三个席位。

这项约定的前半段与上市时间对赌相同（任何对赌目标未达到都可触发），但后半段的获益方式却不同，没有要求如何退出，而是要求获得融资企业的董事会席位，增加其对企业经营管理的控制权。

关于强卖限制则是，投资方在卖出其持有的融资企业股份时，也要求融资企业原股东一同卖出股权，如此很有可能导致企业的控制权旁落。

7.5.8 股权锁定

某融资企业与投资方在签署的融资协议中约定：企业上市或被并购前，创始人不能转让其所持股份。

该条款与竞业条款类似，都是对融资企业创始人的限制，只是竞业限制针对时间，本款针对股份。

上述约定直接限制融资企业创始人在某项条件达成前，不得转让股份，该条件必须是具体的、可量化的。也就是只有在条件达成后才可以自由转让股权。还有一种延伸限制，就是在达成某项条件之后，融资企业创始人仍然不能转让股份，要再等待一段时间才可以转让。

7.5.9 反稀释权

某融资企业与投资方在签署的融资协议中约定：企业在进行后续项目融资时，投资方可获得与新投资方同样的购股价格。

引入融资很容易造成企业原有股东的股份被稀释，那么是不是后进入的投资方稀释掉先进入的投资方是正确的呢？当然不是。对于企业来说，越是早期阶段就融资进入的投资方，给予的助力就越大，虽然投资金额不一定有多大，但那是在生死攸关的时刻。而在企业发展中期进入的投资方，虽然投资金额庞大，但对企业只起到发展壮大的作用，作用与之前不可同日而语。因此，如果有后续投资资金进入，融资企业必须进行股权反稀释设计。

反稀释条款也称"反股权摊薄协议"，是对早期投资的价值保护。融资企业在进行后续项目融资或者定向增发过程中，前期投资方为避免自己的股份贬值即份额被稀释，要求获得与新投资者同样的个股价格。

第八章
股权投资：
战略性布局，增强裂变核心力

"金融是永远不落的帝国"，这句话出自沃伦·巴菲特，他一直坚持这一信念，通过产权和股权投资，终生拥有可口可乐、宝洁等多家世界著名企业的股份。股权投资就是希望以此实现强资本的强联手，打造更强大的盈利模式，将企业经营快速推上新的高峰。

8.1 股权投资掠影

股权投资是为参与或控制某一企业的经营活动而投资购买其股权的行为。股权投资可以发生在公开的交易市场上，可以发生在企业的发起设立场合或募集设立场合，也可以发生在股份的非公开转让场合。

股权投资的动因主要有五项：①获取收益，包括股利和资本利得；②获得资产控制权，通过资产的调整、调度和增值来获得利益；③参与经营决策，以分散风险、发现新的商业机会；④调整资产结构与增加可流动资产；⑤投机，以获取买卖价格的差额。

8.1.1 股权投资的主要内容

股权投资通常是为长期（至少一年）持有一个企业的股票或长期投资一个企业，以期达到控制被投资企业，或对被投资企业施加重大影响，或为了与被投资企业建立密切关系，以分散经营风险的目的。

如果被投资企业（Y企业）生产的产品为投资企业（X企业）生产产品所需的原材料，在市场上这种原材料的价格波动较大，且不能保证供应。在这种情况下，投资企业（X企业）通过所持被投资企业（Y企业）的股份，实现控制或对被投资企业（Y企业）施加重大影响，使其生产投资企业（X企业）所需的原材料，并直接供应或只供应投资企业（X企业），且价格比较稳定。

但是，如果被投资企业的经营状况不佳，或者进行破产清算，投资企业作为股东，也需要承担相应的投资损失。因此，股权投资通常具有投资额度大、投资期限长、风险周期长、风险系数大及利益获取大等特点。

股权投资的利润空间相当广阔，包括企业分红和企业上市，同时还可享受企业的配股、送股等一系列优惠措施。

8.1.2 股权投资与债权投资的差异

债权投资是指债券购买人（投资人、债权人）以购买债券的形式投放资本，到期后向债券发行人（借款人、债务人）收取固定的利息以及收回本金的一种投资方式。债券按发行人可分为政府债券、公司债券和金融债券三种。

股权投资和债权投资的区别如下。

1. 投资期限不同

股权投资期限较长，一般为一年以上，且在投资期间投资人不得随意撤资，期满后按照约定的管理层回购、股权转让等方式退出。

债权投资的投资期限不固定，但期限较短，多为7天、15天、一个月、几个月等。

2. 性质不同

股权投资属于权益性投资，为获取另一企业的净资产所有权而做出的投资（包括普通股、优先股、认股权与认股证等）。权益性证券的持有者一般拥有在企业股东会/大会上的表决权，但没有还本期限，股东若想放弃持有，可依法转让。

债权投资是为取得债权所做的投资，如购买国库券、公司债券等。债券属于定约证券，以契约的形式明确规定投资企业与被投资企业的权利与义务。即无论被投资企业有无利润，投资企业均享有定期收回本金和获取利息的权利。

3. 获取利益的方式不同

股权投资拿到的是被投资企业的股份，成为被投资企业的合伙人或股东之一，再通过分配利润或其他方式来获得收益。

债权投资只得到一定时期内的有价证券，需要定期收回本息。

4. 法律保障方式不同

股权投资的股东参与被投资企业的经营管理及重大决策，一般没有担保措施。

债权投资的债券持有者一般要求被投资企业提供担保措施，包括提供保证人、抵押、质押等。

8.1.3 投资成本

股权投资由取得时的成本确定。通常股权投资都是长期行为，取得时的成本是指取得长期股权投资时支付的全部价款，或放弃非现金资产的公允价值，或取得长期股权投资的公允价值，包括税金、手续费等，但不包括为取得长期股权投资所发生的评估、审计、咨询等费用。

长期股权投资的取得成本有两种情况：

（1）支付现金。以支付现金取得的长期股权投资，按支付的全部价款作为投资成本，包括税金、手续费等。

（2）放弃非现金资产。除了现金、银行存款、其他货币资金、现金等价物以外的资产，还包括各种存货、固定资产、无形资产（不含股权）等，但各种待摊销费用不能作为非现金资产作价投资。

8.1.4 投资原则

做任何事情都要讲究原则，违背原则就容易出问题。股权投资也是一样，必须坚持三个原则：

（1）端正投资态度。股权投资追求的是本金的安全和持续、稳定的投资回报。不以被投资企业是否上市为回报衡量，只要其能给投资方带来预期的投资回报，就视为投资成功。但是，因为企业上市能带来股权价格的大幅上升，利益会更加丰厚，一些投资方因而急功近利，只关注企业上市（或海外上市），忽略对企业本身的了解，投资风险被放大，导致投资失败或被骗。

（2）了解所投资的企业。作为投资方，一定要对所投资的对象有一定的了解。例如，所投企业的资产状况、盈利水平、竞争优势、管理者的能力、品质以及是否为股东着想等。投资方可以直接与企业高级管理层沟通，或者通过该企业在银行、税务、工商部门的渠道，对其经营情况进行跟踪调研。

（3）控制投资成本。如果投资方买入的被投资企业的股价过高，会导致投资回收期加长、投资回报率下降。因此，投资股权一定要清楚被投资企业的正常盈利水平，并计算出按正常盈利水平收回投资成本的时间（应控制在十年之内）。

8.2 股权投资分类

股权投资有四种类型：①控制；②共同控制；③重大影响；④无控制，是指无共同控制且无重大影响。下面重点阐述前三种。

8.2.1 控制

控制是指有权决定被投资企业的财务和经营政策，并从该企业的经营活动中获取利益。投资企业能够对被投资企业实施控制，因此被投资企业也称为投资企业的"子公司"。

通常情况下，当投资企业直接拥有被投资企业50%以上的表决权资本，或者直接拥有被投资企业50%以下（含50%）的表决权资本（但具有实质控制权）时，说明投资企业能够控制被投资企业。

在实际经营中，投资企业对被投资企业是否具有实质控制权，可以通过以下情况判定（见图8-1）：

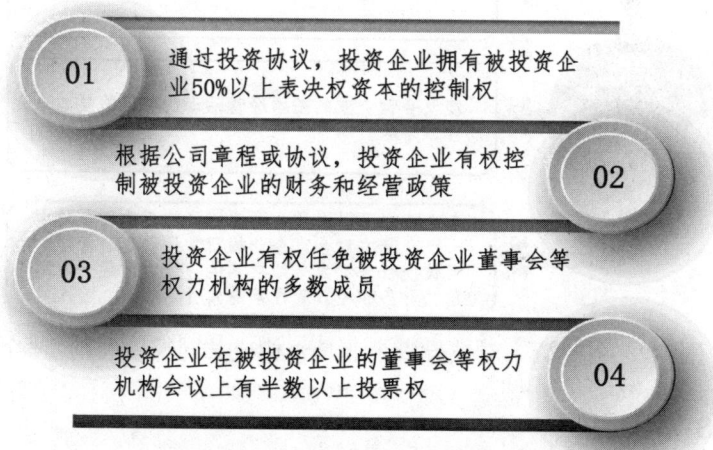

图8-1 投资企业对被投资企业的控制权判定标准

图中第03项的具体解释：虽然投资企业拥有被投资企业50%以下（含

50%）表决权资本，但根据公司章程、协议等有权任免被投资企业董事会的董事，以达到实质上的控制。

图中第 04 项的具体解释：虽然投资企业拥有被投资企业 50% 以下（含 50%）表决权资本，但能够控制被投资企业董事会等权力机构的会议，从而控制其财务和经营政策，达到实质上的控制。

8.2.2 共同控制

共同控制是指按合同约定对某项经济活动所共有的控制。投资企业与其他投资方对被投资企业，就某项经济活动相关的重要财务和经营决策进行控制权分享，以实现共同控制，因此被投资企业为投资企业的"合营企业"。

在设立合营企业时，合营各方在投资合同或协议中约定，在所设立的合营企业的重要财务和生产经营决策制定过程中，合营各方必须都同意才能通过。因此，合营企业的合营各方都受到合营合同的限制和约束，共同控制的实质也是建立在合营合同约定的基础上。

在实际经营中，确定投资各方是否构成对被投资企业的共同控制时，可以考虑以下情况（见图 8-2）。

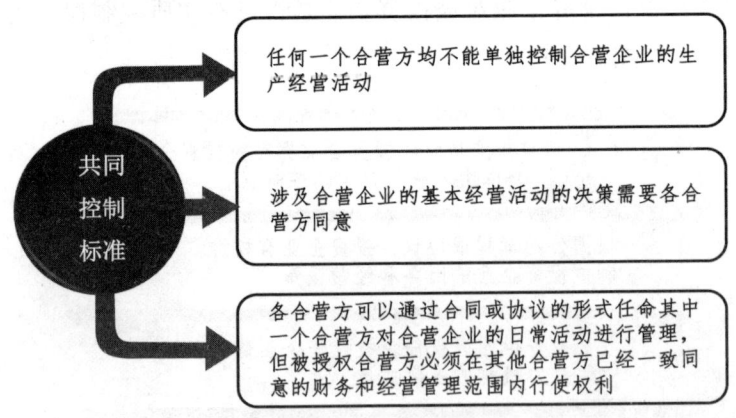

图8-2　各投资方对被投资企业是否构成共同控制的判断标准

8.2.3 重大影响

重大影响是指投资企业对被投资企业的财务和经营政策有参与决策的权力，但并不决定这些政策。也就是投资企业能够对被投资企业施加重大影响，因此被投资企业为投资企业的"联营企业"。

当投资企业直接拥有或通过子公司间接拥有被投资企业20%以上但低于50%的表决权股份时，一般认为对被投资企业具有重大影响。此外，虽然投资企业拥有被投资企业20%以下（含20%）的表决权资本，但符合下列情况之一的，也应确认为对被投资企业具有重大影响（见图8-3）。

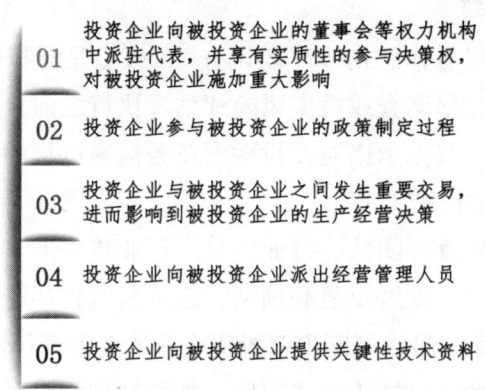

图8-3　投资企业对被投资企业形成重大影响的判断标准

8.3　股权投资的流程

股权投资流程围绕投资决策展开，每一步都以投资决策为根本制定，通常包括项目开发、项目判断、项目立项、签署投资意向书、尽职调查、投资决策、签署投资协议、投资交割。

8.3.1　项目开发

作为股权投资的第一个环节，项目开发与筛选主要解决股权投资基金的项目来源问题。项目开发主要包括：

（1）行业研究。跟踪和研究国内外最新技术的发展趋势及资本市场动态，通过资料调研、项目库推荐、访问企业等方式寻找项目信息。

（2）机构推荐。包括律师事务所、会计师事务所、证券公司、商业银行、财务顾问公司等。

（3）天使投资结构或者天使投资人推荐。

（4）企业家联盟、各级商会组织推荐。

（5）行业展会、创业计划大赛、创投论坛等。

8.3.2 项目判断

项目判断也可以看作"初步尽职调查"，核心是对拟投资企业或项目进行价值判断，并非详尽调查或投资风险评估。执行之前，投资企业与拟投资企业签订保密协议，双方承诺对在投融资业务沟通过程中接触到的对方商业秘密负有一定期限的保密义务。

项目判断主要从管理团队、行业壁垒、行业集中度、市场占有率、主要竞争对手、商业模式、发展及盈利预期、政策与监管环境等方面对拟投资企业进行初步价值判断。最终判断出拟投资企业的上市可行性和投资可行性。

（1）上市可行性。包括①法律问题：如股权架构问题、税务问题、环保问题、土地问题、劳保问题、历史沿革问题等。②财务问题：如公司财务是否规范？账面是否清晰？内控制度是否健全？实施情况是否良好？现金流量是否充足？盈利情况及前景如何？资产状况与资产质量如何？

（2）投资可行性。包括①宏观经济分析：审查企业在宏观局势下，当前和未来几年会受到哪些方面影响、影响的程度及企业的抵抗能力。②行业趋势分析：企业所处的行业在当前和未来几年的发展走向如何？所在行业未来的情况如何？③被投资企业基本面分析（见表8-1）。

注：在肯定的项目后打"√"，在否定的项目后打"×"。

表8-1 项目判断的被投资企业基本面分析

分析内容	是	否	备注
是否拥有核心团队			
战略是否明确			
定位是否清晰			
是否具有成熟的盈利模式			
是否具有持续性盈利能力			

续表

分析内容	是	否	备注
在行业内是否具有先进技术水平			
在行业内是否具有核心竞争力			
产品或服务的市场前景是否广阔			
是否具有较高的成长性			
是否具有较强的抗风险能力			
是否符合国家宏观经济政策			
是否具有较广阔的上市前景			

8.3.3 项目立项

对拟投资企业的初步判断完成后,如果需要进一步推进对该企业的投资流程,通常需要经过项目立项程序(项目初步判断通常由投资企业的"投资管理小组"完成)。

通过项目立项,投资企业再进一步投入更多资源,对拟投资企业进行更加详尽和深入的投资评估调查。投资企业可引入更高层级的投资管理团队或直接提交"投资决策委员会",对预投资的项目质量进行判断,这样做有两个好处:①有利于节约基金管理成本;②有利于将企业有限的资源集中到有潜力的项目上。

8.3.4 签订投资意向书

在初步判断和项目立项之后,投资企业对于所要投资的企业已经有了范围圈定。希望与多个投资对象再向下进行,需要同拟投资企业签订投资意向书,也称"投资框架协议"或"投资条款清单"。

意向书的内容通常由投资方提出,被投资方也可以加入自身条款,都需双方达成一致。意向书内容一般包括投资达成的条件、投资方建议的主要投资条款、保密条款以及排他性条款。除了保密条款和排他性条款之外,意向书的其他内容主要作为投资与融资双方下一步协商的基础,对双方并无法律上的约束力。

8.3.5 尽职调查

尽职调查是股权投资业务流程中不可或缺的环节。该阶段,投资方会对拟投资企业进行非常详尽而深入的调查与了解，尽职调查的主要内容包括三部分。

1. 业务尽职调查

业务尽职调查是对企业全面详尽的调查，涉及企业股权、资产、财务、业务、团队等方面，要点如下表8-2所列。

表8-2　业务尽职调查要点

要点	具体解释
基本情况	设立情况、历史沿革、主要股东
主要资产	了解拟投资企业的不动产、动产与无形资产的权属、范围、取得方式、用户、试用期限即实际使用情况，是否具有市场价值，是否存在抵押、查封或其他权利限制
财务状况	基本财务数据分析、财务比率分析、纳税情况、盈利预测、重大债权债务分析
管理人员信息	任职资格和任职情况
业务与技术情况	行业、竞争、采购、生产、销售、核心技术研发
同业竞争与关联交易	关联方发生关联交易的内容、数量、金额及其在相关业务中所占比重；拟投资企业与关联方是否存在同业竞争、如存在需核查在细分市场、市场区域、业务性质、客户对象、产品可替代性等方面与拟投资企业的差异
业务发展目标	发展战略、经营理念、经营模式、业务发展目标、历年发展计划的执行情况
风险因素	拟投资企业的生产经营是否涉及污染排放；主要产品或服务是否执行国家、行业有关质量技术监督标准；生产经营是否存在重大安全隐患；是否存在重大诉讼或担保
融资运用预估	分析所融资金额是否与拟投资企业的规模、主营业务、实际资金需求、资金运用能力及业务发展目标相匹配

2. 财务尽职调查

由投资企业的财务人员对拟投资企业中，与投资有关的财务状况的审阅、分析。可以分为总体财务信息调查和具体财务状况调查，包括被投资企业的财务组织、薪酬制度、会计政策及税费政策。所用到的方法如图8-4所示。

审阅——
通过财务报表及其他财务资料，审阅发现异常及重大财务问题

分析程序——
如趋势分析、结构分析，通过对各种渠道取得资料的分析，发现异常及重大问题

访谈——
与企业内部各层级、各职能人员及中介机构充分沟通

小组内部沟通——
调查小组成员来自不同背景及专业，其相互沟通也能达到调查目的

图8-4　财务尽职调查的方法

3. 法律尽职调查

由投资企业的具有法律知识的人员对拟投资企业中，与投资有关的法律状况的调查，包括四个方面的内容，如图 8-5 所列。

被投资企业章程中的各项条款，如增资、合并或资产出售，须经持有多少比例以上股权的股东同意才能进行的规定，要予以充分的注意，以避免兼并过程中受到阻碍

注意被投资企业章程中是否有特别投票权的规定和限制

企业与供应商或代理销售商之间的权利与义务，企业与员工之间的雇佣合同及有关薪酬福利等规定也须注意

被投资企业财产的所有权归属，及对外投资情况及财产投保范围

审查被投资企业的一切债务关系，注意偿还期限、利率及债权人对企业是否有限制

应对被投资企业的股东会/大会、董事会的会议记录加以审查

了解被投资企业过去所涉及的以及将来可能涉及的诉讼案件，并分析会对企业目前和将来产生的影响

被投资企业全部对外书面合同，包括知识产权许可或转让、租赁、代理、借贷、技术授权等，并特别注意在企业控制权改变后合同是否继续有效

图8-5　法律尽职调查的内容

8.3.6 签署投资协议

尽职调查完成后，投资企业的"投资管理小组"将向"投资决策委员会"提交尽职调查报告、投资建议书和其他文件资料，由投资决策委员会进行最终投资决策。

投资决策委员会审查通过的投资项目，由投资企业与被投资企业共同对投资协议条款进行谈判，最终签署投资协议。投资协议通过一系列具体条款对股权投资的具体方案进行确认，约定被投资企业的控制权分配和利益分配等事项。

投资协议的关键为限制性条款的设置：

（1）业绩承诺条款：在符合被投资企业发展规律的情况下，对未来几年的业绩向投资企业做出承诺。

（2）股权回购条款：被投资企业在协议规定的时间内不能上市，需要以一定的溢价回购投资企业的股权。

（3）得到投资后，被投资企业必须承诺修改章程、改选董事、同意投资企业委派财务人员参与财务管理与监督，或者委派其他人员限制被投资企业管理层的权利。

8.3.7 投资交割

投资协议正式生效后，投资企业与被投资企业进入投资交割程序。通常情况下，创业投资基金主要以增资方式对被投资企业进行投资，而并购基金主要以购买存量股权的方式对被投资企业进行投资。

投资企业按照投资协议约定的金额和时间把投资款项一次性或分批次划转至被投资企业或其股东的账户中。

为什么要强调分批次，因为投资方通常不会选择一次性注入所有投资，而是将全部投资划分阶段，被投资企业每达到投资协议中约定的阶段目标，投资企业则将下一批投资注入，否则有权暂不注入，甚至取消注入。这种交易方式是为了降低投资风险，也是对被投资企业的监管，但是会增加投资方的管理成本。

8.4 股权投资的退出方式

对投资方来说，选择适当的时机，以适当的途径，实现所投资本的顺利退出，是非常重要的。只有实现获利退出，才算投资成功，也才能进入下一轮投资流程中。

8.4.1 IPO退出

IPO是首次公开发行股票的英文简写形式，因此IPO退出也称为首次公开发行退出。就是人们常说的上市后退出，这是投资人最喜欢的退出方式。

被投资企业发展成熟后，通过在证券市场挂牌上市使私募股权投资资金实现增值和退出的方式。企业上市主要分为境内上市和境外上市，IPO退出也分为境内IPO和境外IPO。境内是指上海证券交易所或深圳证券交易所上市退出，境外常见的有港交所、纽交所和纳斯达克等。

在证券市场杠杆的作用下，被投资企业IPO之后，投资企业可抛售其手里持有的股票获得高额的收益（见图8-6）。

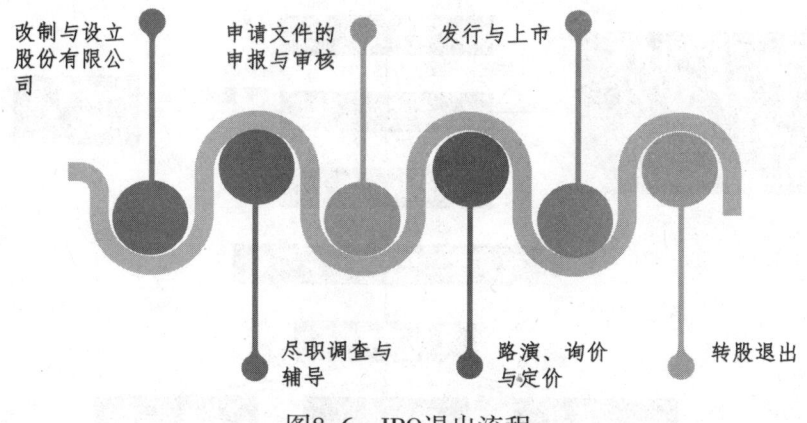

图8-6 IPO退出流程

目前境内IPO的情况是，虽然股市节节攀高和更高的估值引发了企业的上市热潮，但证监会放慢了上市公司的批准速度，同时企业上市的标准很高，手续繁杂，绝大多数企业难以入门。因此，虽然IPO退出是最佳方式，但IPO退出的经济成本和时间成本也最高，而且IPO之后存在禁售期，都加大了收益不能快速变现或推迟变现的风险。

8.4.2 挂牌"新三板"退出

"新三板"全称是"全国中小企业股份转让系统"，是我国多层次资本市场的一个重要组成部分，是继上海证券交易所、深圳证券交易所之后第三家全国性证券交易场所。

目前，"新三板"的转让方式有两种：协议转让和做市转让。协议转让是在"股转系统"（全国中小企业股份转让系统）的主持下，买卖双方通过洽谈协商达成股权交易；做市转让是在买卖双方中添加一个居间者"做市商"。无论采用协议转让，还是采用做市转让，通过挂牌"新三板"退出都是最受投资方欢迎的退出方式（见图8-7）。

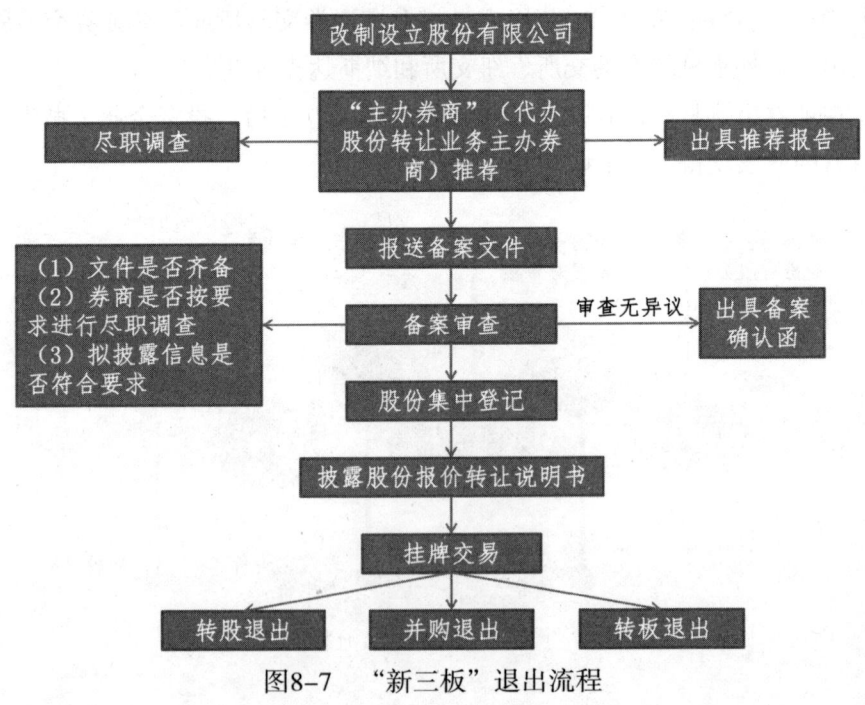

图8-7 "新三板"退出流程

可见，被投资企业在"新三板"挂牌后，股权投资资本可以通过股权转让、并购、回购等方式实现退出。

2015年，芜湖富海银涛拾贰号投资合伙企业（下文简称富海银涛）通过协议转让的方式减持了其所投资的、在"新三板"挂牌的苏北花卉股份有限公司405万股股份，占公司总股份的7.78%。交易对手分别是华泰证券股份有限公司、山西证券股份有限公司、齐鲁证券有限公司，三家证券商分别受让了275万股、100万股、30万股。按照此次交易价格8元/股计算，此次交易金额为3240万元，富海银涛浮盈200万元。

在2014年以前，通过"新三板"渠道实现退出的案例稀少。但在2014年正式实施做市转让方式后，"新三板"退出逐渐受到投资机构的追捧。近两年来，"新三板"挂牌数和交易量突飞猛进，呈现井喷之势。

"新三板"退出受到欢迎，是因为"新三板"已经成为中小企业进行股权融资最便利的市场，其优点如图8-8所列。

1. "新三板"市场的优化度较高，且发展较快

2. "新三板"市场的机制相对灵活，比主板市场宽松

3. "新三板"挂牌条件宽松，时间短，成本低

图8-8　"新三板"的优点

8.4.3 并购退出

并购退出是指通过其他企业的兼并或收购使得风险资本退出。并购重组因其在推动产业整合、资源优化配置、实现产业结构调整升级方面发挥的作用巨大，因而受到国家政策的支持。最明显的一点就是审查时间缩短，在IPO审核收紧的背景下，并购退出已日渐成为主流的股权投资退出方式，未来会成为最为重要的退出方式（见图8-9）。

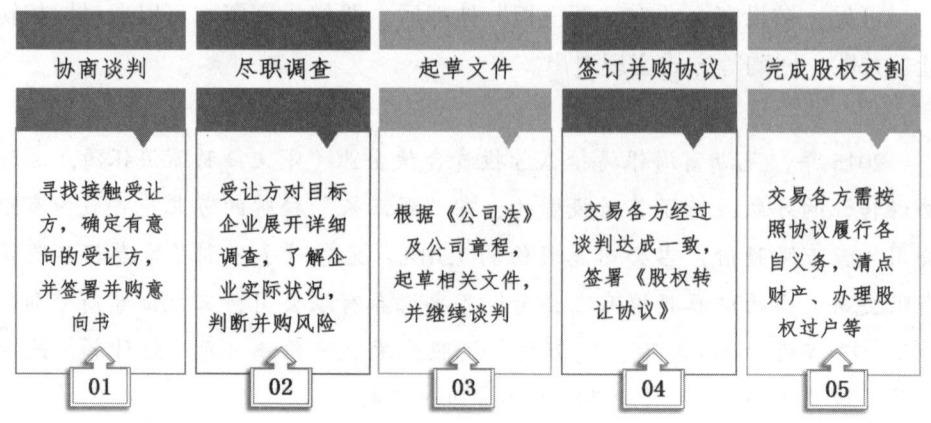

图8-9　并购退出流程

并购退出非常适用于成长良好的被投资企业。当被投资企业的估值越来越高，利润越来越多时，被其他企业并购，投资方可获得高于原始投资资本数倍的利益。

比如，X公司向Y公司投资2000万元，获得20%的股权，当时Y公司估值为1亿元。一年后，Y公司估值达到2亿元，X公司占据的股份就升值为4000万元。如果这20%的股权被其他企业收购，X公司可净赚2000万元。

并购退出的优点在于不受IPO诸多条件的限制，没有严格的财政审查和业绩增长的压力，退出程序简单、不确定因素少、对企业的发展规模、财务业绩连续表现、企业类型等要求低很多。更重要的是没有IPO退出的解禁期（IPO退出要等待1~3年不等的上市解禁期），降低了退出回报的不确定性。而且并购退出在并购交易完成后即可一次性全部退出，交易价格及退出回报较为明确。因此，能实现快速退出、快速获益，提高投资企业的资本运作效率和降低风险的作用。

2011年，深圳市时代伯乐创业投资管理有限公司（下文简称时代伯乐）旗下基金投资北京创世漫道科技有限公司（下文简称创世漫道），成本为

1500万元。2013年3月,创世漫道被联动优势科技有限公司并购,时代伯乐退出年化回报超过50%。

8.4.4 回购退出

回购退出是指企业、企业管理层或原股东,按照约定价格回购企业股份,从而使风险资本退出。通常情况下,投资企业与融资企业会在股权投资协议中签订回购条款,当被投资企业发展达不到预期时,拥有企业或其管理层及原股东溢价回购投资方持有的股票,以确保投资方已投入资本的安全性。

可见,回购退出是最为安全、收益最为稳定的退出方式。但是回购退出的回报率也很低。现实操作中,一些股东回购甚至是以偿还类贷款的方式进行,总收益不到20%。

回购退出对于被投资企业而言,可以保持独立性,避免因创业资本的退出给企业运营造成大的震动。同时,回购退出的交易形式复杂性较低,成本也较低。此种方式适用于那些经营日趋稳定但上市无望的企业。

8.5 股权投资的五类风险

投资不一定就能得到回报,资本操作总是与风险紧密相连,一不小心就会坠入深渊。那么股权投资存在哪些风险呢?

8.5.1 投资决策风险

投资决策风险主要体现在两个方面:项目定位不准和投资类型选择不准,进而造成决策程序遗漏。

如果投资方对所投资项目所处的行业类型、行业周期、市场环境等了解不够,极易造成行业定位不准的风险。如果对所投企业的技术水平、生产能力、市场开发能力等了解不全,容易造成投资类型选择不准的风险。

以房地产行业投资来说,当经济从低谷到复苏的拐点,建筑施工、水泥建材等企业会最先受益，股价上涨也会提前启动。通常情况下，投资方会因为所投资企业的高速发展而受益，但如果所投资企业的技术和生产能力都偏弱，发展将无力，投资企业的投资回报势必减少。同时，投资方必须了解房地产属于周期性强的行业，一旦市场需求接近饱和状态，房地产行业发展的压力便会倍增，这时投资者就应该考虑转向了。

另外，投资在进入决策程序之前，要经过一系列的相关程序，如前期调查、签署投资意向书、尽职调查、财务和法律审计等。投资程序不完善，尽职调查不全面，程序遗漏都可能造成不可预知的风险。

8.5.2 企业经营风险

企业经营风险是指被投资企业的业务经营风险。导致这种风险发生的原因有三种：①投资企业所处行业的市场环境发生了重大变化，如政策限制、经济衰退等；②经营决策出现错误，如盲目扩张、过快发展、无边界多元化等；③企业管理者的能力不够，或者管理团队整体实力不强，或者管理团队不够稳定等。

企业经营情况发生变化极易导致业绩下滑，严重的可引发停工、破产等情况，从而影响股权投资方通过上市、股权转让、股权回购等方式完成投资资金的退出，导致股权投资收益极低或没有收益，甚至本金损失的情况，最严重的可能导致本金完全损失。

8.5.3 资本市场风险

资本市场永远是阴晴不定的，说变天就变天，今天是晴空万里，明天就阴云密布，所以对于资本市场本身的风险必须有所了解和准备。

资本市场风险主要指政策（如货币政策、财政政策、行业政策、地区发展政策等）带来的风险，政策发生变化，市场价格产生波动，风险随即产生。这种风险是任何投资项目都无法回避的系统风险，既无法预知，又来势汹汹。比如，看似并不起眼的利率调整的宏观政策变化，就对体系内的每个企业都有影响，只是不同行业受影响的程度不同而已。

虽然政策风险难以提前知晓，但仍然能够从历年来的政策导向和行业现状分析看出一定的趋势，有潜在政策风险的行业不碰，直到风险彻底过去再考虑。

如果说政策风险是在明处,那么内幕交易的操纵就在暗处,很难被发现,却极大地破坏了资本市场公开、公平、公正的原则,导致原本正常投资交易的投资者受到损失。

2016年4月29日,被称为"投资天才"的泽熙投资管理有限公司法定代表人、总经理徐翔因涉嫌内幕交易、市场操纵被逮捕,后被判处有期徒刑五年六个月,并处罚金。内幕交易、市场操纵是目前证券市场最大的违法行为。我国法律法规和公安机关对这样的违法行为的打击非常严厉,必须确保资本市场的安全。

8.5.4 执行风险

执行风险,是投资之后的具体执行时期出现问题,主要表现在投资时间和过程操作上。

(1) 投资时间的执行风险。股权投资的投资周期一般较长,从正式投资到股权退出普遍为三年,或者五年到七年,甚至更长时间。如果股权投资在约定时间内能实现良性退出(如IPO退出),就有丰厚收益。但并非所有的股权投资都能在约定的时间内实现良性退出,一些投资项目由于种种原因不能上市或只能在原有股东内部转让,会使股权投资资金风险变大,不确定因素增多。

(2) 投资过程的执行风险。投资过程比较复杂,涉及工商登记、税务、外汇管理、部委批文,以及IPO的准备工作所处的阶段等。执行的过程越复杂,需要的时间就越长,从而影响到投资的时间成本和回报率。

8.5.5 法律风险

股权投资的法律风险主要体现在合同、知识产权等涉及法律法规的问题上。

(1) 股权投资基金与投资方之间签订的管理合同或其他类似投资协议,其中的"保证金安全"和"保证收益率"等条款往往不受法律保护,这是投资风险之一。

(2) 股权基金投资协议缔约不当与商业秘密保护条款制定不明,也会带来法律风险。

（3）当所投项目核心是科技企业的核心技术时，应注意该核心技术的知识产权是否存在法律风险。如果被投资企业拥有或使用的商标专利和其他知识产权持有情况异常，将会影响资本的进入，甚至会承担违约责任或缔约过失责任。

（4）向创业企业投资还应注意一个特殊问题，就是企业创立者与原单位的劳动关系是否存在问题，企业创立者与原单位的专有技术、商业秘密以及遵守同业竞争禁止的约定等，都有可能引发知识产权纠纷。

另外，法律风险还表现在被投资企业在日常经营过程中的经营合同风险、不规范经营风险、员工意外伤害风险、规章制度不健全风险、公司印章管理不严风险等。

第九章
股权收购：网罗可裂变的一切资源

提起收购，人们想到的都是大手笔交易，是一家企业对另一家企业的鲸吞。收购的确是快速扩张企业的方法，有助于企业收集一切资源实现自身的裂变式发展。但股权收购并不是表面上的那么简单，本章就来了解股权收购的具体操作方式。

9.1 初识股权收购

股权收购是指以拟收购企业股东的全部或部分股权为收购标的的收购。

股权收购通过购买拟收购企业股东的股份（或收购拟收购企业发行在外的股份），或者向拟收购企业的股东发行收购方的股份，用这两种方式之一换取其持有的拟收购企业的股份（又称"吸收合并"）。前一种方式的收购使资金流入拟收购企业的股东账户；后一种方式的收购不产生现金流（还可合理避税）。

9.1.1 要甄选收购目标

选择所要收购的目标，是收购流程中非常重要的环节，也是收购的第一要务。通常情况下，甄选收购目标有四个环节：

（1）收购方根据当次收购要达到的战略发展需求制定甄选标准。比如，某公司要在一个全新的市场领域实现扩张，需要收购一家企业。那么，可以通过收入标准、地域标准、资产标准、产品标准、成本标准等，考察一家企业能否帮助本企业顺利进入新领域。

（2）首轮甄选至少能淘汰一半的潜在目标，将剩余潜在目标的相关信息录入数据库，并结合商业环境和经营状况进行实时更新。

（3）数据库的作用不是记录，而要通过制定的各项排除标准（收购企业自行设定）对目标企业进行筛选，留下满足条件的企业进行下一轮重点筛选。

（4）次轮甄选又将排除大部分目标企业，最终只留下一份包含极少数目标企业的优选名单。要对参与"决胜局"的企业予以重点分析，如企业产品和专利信息、企业的客户及市场数据、目前企业的商业合作伙伴、企业的市场竞争力、企业所在细分市场的发展趋势等，全面评估目标企业的价值，最终确定收购对象。

9.1.2 收购中的成本控制

资本运作从来都是高风险、高回报的。想要获得盈利的前提之一，就是合理地控制收购成本。通常情况下，并购过程中会有如下主要成本支出：

1. 收购交易的成本

参与收购双方企业达成的协议价格，是收购过程中最主要、最大宗的成本支出。这项支出的多少取决于双方谈判的结果，而谈判建立在拟收购企业的资产规模、资产质量、产品结构、成本结构、融资能力、竞争对手实力、主营业务的盈利能力等基础之上。

2. 整合成本

收购之后，收购企业为使被收购企业健康发展而支付的运营成本，包括整合改制成本和注入资金成本，用于整合产业结构、重建销售网络、剥离不良资产等。

3. 中介费用

大中型收购交易都需要专业的中介机构介入，参与其中的财务顾问、会计师、律师、评估师、技术专家等，都需要费用支出。

4. 其他费用

关于其他费用的支出，很多也是不可避免的，如信息获取成本、税务成本、机会成本、公关成本、差旅费用、工商变更等。

9.2 股权收购的方式

企业之间的股权收购比较实用的方式有兼并整体目标企业的整体收购、收购目标企业资产的资产收购、收购目标企业股权的股权收购，以及综合证券收购。

9.2.1 整体收购

整体收购就是整体收购目标企业。具体做法与结果是：收购企业吞并被收购企业的全部，在收购行为完结时，被收购企业不复单独存在，成为收购企业的一部分。

收购企业在接收被收购企业时，同时也将被收购企业的全部，包括资产（有形资产与无形资产）、债权债务（包括未列债务与或有债务）、职工人员等都接收过来，然后按照自己的方式进行经营管理。

这种收购方式要求收购企业需特别关注被收购企业的负债情况，并就有关债务承担做出明确而具体的安排。因为被收购企业一旦全部移交给收购企业，这些债务就会成为收购企业的债务。如果事先约定不清，事后被证明有一大笔"意外债务"要由收购企业承担，多出的债务就是巨大的包袱，会给收购企业造成拖累。

9.2.2 资产收购

这是收购企业对被收购企业的大部分或全部资产的收购。资产除有形资产，如不动产、现金、机械设备、原材料、生产成品等外，也包括无形资产，如商誉、专利、许可、商号、商标、知识产权、商业秘密、机密信息、加工工艺、技术、诀窍等，以及向政府取得的企业经营所需的一切许可、批准、同意、授权等。

收购资产的操作方式适用于收购对象为上市公司、大集团分离出来的子公司或分支机构、供应部门或公司（见图9-1）。

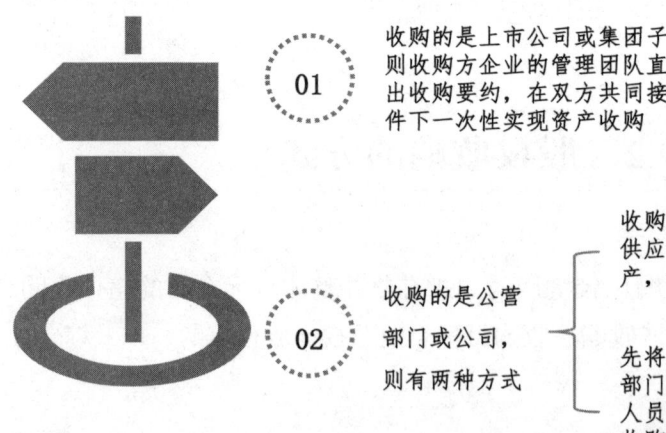

图9-1　资产收购的两种操作方式

对被收购企业的资产实施正式收购后，被收购企业可以继续经营。如果被收购企业在解决了债务债权后，因缺少必要的资产，不必要或不可能继续经营下去时，可以即刻解散。无论被收购企业是继续经营还是随后解散，都对收购企业没有任何影响。

在这种收购方式中，收购企业不必担心被收购企业的债权债务会给自己带来负面影响，因为收购企业取得的只是被收购企业的一些"物"，"物"本身是不会承担债权债务的。但是，收购企业需要注意所收购的"物"是否存在有抵押或出售限制等情况，如果存在，需要由被收购企业先将抵押或出售限制的问题解决，再进行收购事宜。

9.2.3 股份收购

收购目标公司的股份是现今发生最多的一种企业间收购的方式。在这种收购方式中，收购企业经由协议或强行收购的方式发出收购要约，取得被收购企业一定数量的股份。

被收购企业照常存续下去，债权债务也不易手，但其股东人员、持股比例却发生了变化，被收购企业的控制权也发生了变化和转移，经营目标、经营管理人员、经营方式、经营作风等均可能发生变化。

如果被收购企业只有为数不多的股东或其本身是一个子公司，收购的过程就比较简单，直接与被收购企业的大股东进行收购谈判，商谈协议条款即可。如果被收购企业是一家公开发行股票的企业，收购程序就相对复杂，操作方式是收购企业的管理层团队通过大量的债务融资，收购被收购企业所有发行的股票。

9.2.4 综合证券收购

综合证券收购是从收购企业的管理层进行收购时的出资方式分离出来的一种收购形式。综合证券收购是指收购企业对被收购企业提出收购要约时，其出价为现金、股票、公司债券、认股权证、可转换债券等多种形式的组合。

就实际效果来看，如果收购企业在收购时采用综合证券收购，既可以避免支付更多的现金，对新组建的公司的财务将是利好，还可以防止企业控制权旁落。因此，综合证券收购在各种收购方式中呈逐年上升的趋势。

9.3 股权收购的流程

股权收购有一套完整的流程,可以细分为十几步。但各行业、各类企业的收购情况均不相同,我们仅列出一些必不可少的流程,供大家参考。

9.3.1 意向与筹备

该阶段是收购行动的开始,可以分为六个小步骤:

(1)收购企业与目标企业进行初步接触,对其资产及运营情况进行初步了解。

(2)收购企业与目标企业就收购意向签署合作意向书。

(3)收购企业与目标企业分别组建工作小组,负责整个收购过程的协调和谈判工作。

(4)收购企业中介机构(聘请律师、会计师和评估师)组成专家股份工作小组。

(5)如目标企业涉及金融、保险等其他特殊行业,须就股权转让事宜事先与相关监管部门进行沟通。

(6)收购企业与目标企业签署《收购框架协议》和《保密协议》。

9.3.2 详尽调查

本阶段所需时间视拟收购企业资料整理准备情况而定,一般为两周至三周,可分为六个小步骤:

(1)中介机构起草《尽职调查清单》,并确定进场实施尽职调查的人员安排。

(2)目标企业根据《尽职调查清单》的要求收集、整理、准备资料。

(3)中介机构进场开展尽职调查。律师须赴国土局、工商等部门查询、核实目标企业的土地与房产资料信息、股权状况信息以及其他信息。

（4）中介机构就尽职调查过程中发现的问题向目标企业相关负责人询问。

（5）律师根据前期调查情况，向目标企业发出第二轮《尽职调查清单》。目标企业据此进一步准备资料。

（6）律师根据尽职调查结果出具《尽职调查报告》，会计师出具财务调查报告，评估师出具评估报告。

9.3.3 协议谈判与签署

此时收购开始进入正式操作阶段，可分为四个小步骤：

（1）收购企业与拟收购企业就收购事宜进行谈判。

（2）根据收购企业与拟收购企业的谈判情况，律师起草《股权转让协议》。

（3）收购企业与拟收购企业就签署《股权转让协议》事项履行各自内部决策审批程序。

（4）收购企业与拟收购企业正式签署《股权转让协议》，并办理公证、鉴证手续。协议中以下条款必不可少：①被收购企业的基本情况阐述；②收购企业与被收购企业就本次收购的承诺；③收购标底；④收购期限、方式及价款支付；⑤收购前债权债务的披露，被收购企业涉及抵押、担保、诉讼、仲裁的披露；⑥收购前，被收购企业债券债务的安排及承诺；⑦保密条款；⑧违约责任；⑨争议解决。

9.3.4 报批与变更登记

1. 报批

由律师起草股权转让报批所需的相关法律文件，有四种情况需加以区分如图9-2所示。

2. 变更登记

由律师起草股权转让变更登记所需的相关文件，收购企业与被收购企业签署股权变更登记所需文件，并共同办理股权变更登记手续。

股权收购不同于一般的买卖，必然涉及股东变更、法人变更、公司章程修改等问题，因此建议延长股权转让资金的支付时间，预留部分保证金待上述程序办理完毕再予以支付。

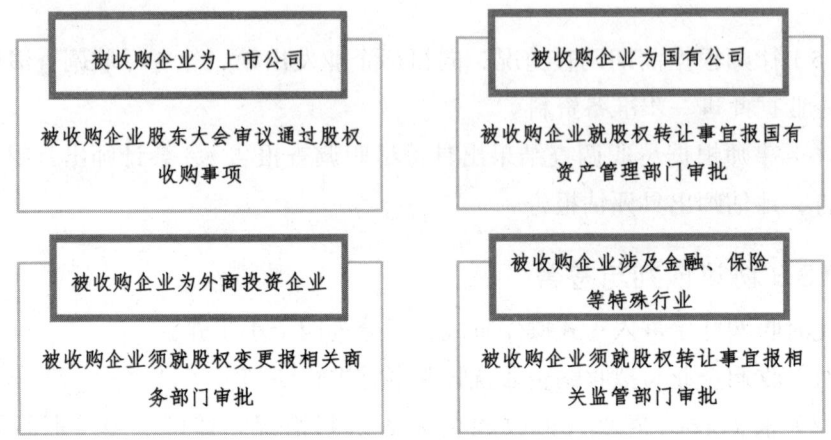

图9-2 股权收购报批分类

9.4 股权收购的常见风险

股权收购是一项复杂的工程,成功实现既取决于前期对于目标公司状况全面准确的调查,也取决于收购过程中各种保障手段的有效设置。如果有一点做得不到位,都是极具风险的。以下是总结出的股权收购中常见的风险。

9.4.1 有瑕疵的股权转让的风险

所谓有瑕疵的股权转让,是指被收购企业所转让的股权中存在出质情况,若收购企业与被收购企业未征求质权人同意而擅自转让股权,就构成法律风险。

根据《中华人民共和国物权法》(下文简称《物权法》)第二百二十六条规定:"基金份额、股权出质后,不得转让,但经出质人与质权人协商同意的除外。出质人转让基金份额、股权所得的价款,应当向质权人提前清偿债务或者提存。"

可见,在收购过程中如果有被收购企业的股权被出质的情况,必须经过质权人的书面同意，才可以转让。

质权人虽然同意进行股权转让，但其收益权和处分权受到了限制，下面分别介绍：

1. 收益权

根据《物权法》第二百一十三条规定："质权人有权收取质押财产的孳息，但合同另有约定的除外。前款规定的孳息应当先充抵收取孳息的费用。"

也就是说，除非在质押合同中明确排除收取孳息（股息或红利），否则质权人有权收取质押股权产生的孳息，出质人不得拒绝。但质权的行使有条件限制：只有在债务人不履行债务或者出质人出现担保能力严重不足的情况时，才能以孳息充抵债务，否则质权人只能持有但不能充抵该孳息。

孳息不是永久性得到的，而是在债务人清偿主债务后，质权人要返还孳息，但要扣除收取孳息的手续费用，而且孳息余额的利息也应按照同期银行存款率一并返还。

2. 处分权

除有法律特别规定或者收购企业与被收购企业间有特别约定外，股权转让合同的生效时间为双方签字或盖章时间。股权变更必须在股权转让合同生效之后，到工商登记机关办理变更登记。

其中，设置了质押的股权（未处理或者约定不处理的）不做变更登记。如果收购企业不知道存在质押股权，转让则被认为存在欺诈，转让合同视为无效；如果收购企业知道存在质押股权，则须自己承担相应后果。

想要对存在质押的股权进行转让交易，必须由被收购企业清偿全部债务，接触股权质押担保后，再进行股权收购协议洽谈。

9.4.2 股权交割前负债的风险

收购方必须对被收购企业的债务问题格外关注，任何企业几乎都存在债务问题，尤其是被收购企业，多数是因为经营方面存在问题，才会接受被收购。

债务包括两大类：对外负债和尚不清楚的隐性负债。对外负债是为维持企业经营而进行的借贷、担保等；隐性负债通常为正在进行诉讼的不确定赔偿和由于侵权造成的可能性赔偿，还有一些未发生的情况等。

通常情况下，被收购企业的对外负债是必须向收购企业披露的，但也会出现故意隐瞒的情况。而隐性负债连被收购企业自己都不清楚，最多是做善意提醒，或者完全不知情。

因此，在股权交割前负债风险中，收购企业要与被收购企业明确责任，要求在正式交割股权之前的所有负债（不管是故意，还是过失），均由被收购企业承担。

但并不是由被收购企业直接清偿债务，毕竟在法律层面上，股权交割已经完成，被收购企业的控制权归属收购企业，对于外界来说，被收购企业的权力、利益和债务都归属收购企业，债权方只能向收购企业追讨债务。因此，收购企业成功收购全部股权成为被收购企业的实际控制方后，仍然要向相应债权人清偿债务，再根据股权转让合同的相关规定向被收购企业的原股东追偿。

9.4.3 主体资格存在障碍

主体资格存在障碍主要指被收购企业的主体资格存在股权转让交易正常进行的障碍。

一般为被收购企业因设立或存续期间存在违法违规行为而导致其主体资格有瑕疵，包括：①被收购企业设立的程序、资格、条件、方式等不符合当时的法律法规和规范性文件的规定；②被收购企业设立行为或经营项目未经有关部门审批同意；③被收购企业设立过程中资产评估、验资等存在不合法合规现象；④被收购企业未依法存续。

总之，是否存在持续经营的法律障碍、是否存在经营资质或营业执照被吊销、被强制清算等情形，都会导致被收购企业主体资格存在障碍。

9.4.4 重大债权债务风险

如果被收购企业存在重大债权债务，将影响股权价值及收购之后的经营，属于非常严重的风险因素。主要包括：①出让方（被收购企业中准备出让股权的股东）是否将被收购企业的全部债权债务进行如实披露，并纳入股权价值评估范围；②重大应收、应付款和其他应收、应付款是否合法有效，债权是否存在无法实现的风险；③被收购企业对外担保的情况，是否有代为清偿的风险以及代为清偿后的追偿风险；④被收购企业是否有因环境保护、知识产权、产品质量、劳动安全、人身权利等原因产生的侵权之债等。

在股权收购中，对于被收购企业的担保项目、应收款诉讼时效应予以特别关注，并重点关注实现的可能性。同时，还应要求出让方对被收购企业的债权债务，特别是隐性负债作出承诺和担保。

9.4.5 诉讼、仲裁或行政处罚风险

被收购企业是否存在尚未了结的或可预见的重大诉讼、仲裁及行政处罚案件。如果存在此类情况中的一种或几种，必将会对被收购企业的生产经营产生负面影响，进而直接降低股权价值。被收购企业股权价值的高低，关系到股权收购中收购企业所能获得利益的高低；被收购企业经营能力的强弱，关系到收购达成后企业持续经营能力的强弱。

因此，在股权收购中，必须对被收购企业是否存在上述情况予以充分的调查和了解，还应通过与出让方就收购价款的确定及支付方式的约定，就上述风险的责任分担作出明确划分，予以规避。

9.4.6 劳动用工风险

随着《中华人民共和国劳动法》《中华人民共和国劳动合同法》及劳动保障相关法律法规政策的完善，对劳动者的保护倾向也越来越明显。在此种立法倾向之下，用工企业所承担的相应用工义务也就更加严格。

但在实际操作中，一些企业并未严格按照法律规定履行用人单位的义务，尤其是设立时间已久、用工人数众多、劳动合同年限较长的企业。如果被收购企业也存在上述问题，引发劳动用工风险的可能性将大增，必须关注。

收购企业的应对策略是，要求被收购企业就用工情况作出承诺与担保，并就相关风险发生后的责任承担进行明确约定。

第十章
股权上市与红筹架构

企业能够上市,是很多创始人和竞争者最终的心愿。上市意味着企业资金来源的增加,品牌影响力的扩大,企业被认可度的增强。因此,上市是令人兴奋的,但怎样做才能将企业的利润最大化,这是需要研究的。

10.1 股权上市二三事

对于股权上市需要了解一些前提性概念,我们概括为"二三事",2+3=5,所以列出了五个小标题。

10.1.1 什么是股权上市

股权上市是将企业的所有权分成若干小份,然后通过法律规范的流程,让其进入市场流程程序。在资本市场内的机构或个人投资者可以根据企业的发展前景与市场状况进行分析判断,决定买入哪家企业的股票。在这个过程中,企业的资本增加,股票买入方成为企业的股东。

通常情况下,企业都会争取上市,因为上市后资金将变得充足,有利于企业的经营发展。企业付出一部分股权换取资金。获得的资金不仅额度很大,还不用清偿,只是由资本市场进行交易调节,由投资方自负盈亏。

10.1.2 股权上市改造的原则与方法

企业上市,股权就将出现变化。企业必须根据法律法规的规定进行改造,才能顺利通过审核,改造流程分为两种形式:新设立与变更。

1. 新设立股份有限公司的主要程序

(1)主发起人拟订设立股份有限公司的方案,包括设立方式、发起人数量、注册资本、股份规模、业务范围等。

(2)对拟出资资产进行审核、评估。

(3)签订发起人协议书,明确各自在公司设立过程中的权利和义务。

(4)发起人制定公司章程。

(5)全体发起人制定代表或共同委托代理人向工商登记机关申请名称,预先核准。

(6)涉及国有股权的企业须取得国资部门国有股权设置的批复意见;涉

及外商投资的企业须取得商务部门的批复意见；企业经营范围中属于法律、行政法规或国务院规定的在登记前须经批准的项目，要履行相关报批手续。

（7）发起人按公司章程规定缴纳出资，以非货币性财产出资的需依法办理财产权的转移手续。

（8）通过会计师事务所验资，并出具验资报告。

（9）召开创立大会，选举董事会成员与监事会成员。

（10）办理工商注册登记手续。

2. 变更设立股份有限公司的主要程序

（1）有限责任公司股东会做出同意变更公司组织形式的决议。

（2）对拟出资资产进行审核、评估。

（3）有限责任公司股东签订《股东协议书》，约定有关设立股份有限公司的事项及股东的权利、义务。

（4）发起人制定公司章程。

（5）全体发起人制定代表或共同委托代理人向工商登记机关申请名称，预先核准。

（6）涉及国有股权的企业须取得国资部门国有股权设置的批复意见；涉及外商投资的企业须取得商务部门的批复意见；企业经营范围中属于法律、行政法规或国务院规定的在登记前须经批准的项目，要履行相关报批手续。

（7）发起人按公司章程规定缴纳出资，以非货币性财产出资的需依法办理财产权的转移手续。

（8）通过会计师事务所验资，并出具验资报告。

（9）召开创立大会，选举董事会成员与监事会成员。

（10）办理工商注册登记手续。

10.1.3 股权上市的一般条件

股权上市的条件，在《证券法》中有明确规定，可以概括为以下几项，缺一不可：

（1）股票经国务院证券监督管理机构核准已向社会公开发行。

（2）公司股本总额不少于人民币3000万元。

（3）公司开业时间在三年以上，最近三年连续盈利；原国有企业依法改建而设立的,或者《公司法》实施后新组建成立,其主要发起人为国有大中型企业的,可连续计算。

(4)持有股票面值达人民币1000元以上的股东人数不少于1000人,向社会公开发行的股份达公司股份总数的25%以上;公司股份超过人民币4亿元的,其向社会公开发行的比例为10%以上。

(5)公司最近三年内无重大违法行为,财务会计报告无虚假记载。

(6)国务院规定的其他条件。

10.1.4 境内上市主要财务区别

境内上市分为主板和创业板两部分,具体看看盈利和资产两项财务区别。

1. 主板

(1)盈利区别:①最近三个会计年度净利润均为正数,且累积超过人民币3000万元,净利润以扣除非经常性损益前后较低者为计算依据;②最近三个会计年度经营活动产生的现金流量净额累计超过人民币5000万元,或者最近三个会计年度营业收入累计超过人民币3亿元;③最近一期不存在未弥补损失。

(2)资产区别:①最近一期末的无形资产(扣除土地使用权、水面养殖权和采矿权等后)占净资产的比例不高于20%;②发行前股本总额不少于人民币3000万元。

2. 创业板

(1)盈利区别:最近两年连续盈利,最近两年净利润累积不少于人民币1000万元,且持续增长;或者最近一年盈利,且净利润不少于人民币500万元,最近一年营业收入不少于人民币5000万元,最近两年营业收入增长率均不低于30%。净利润以扣除非经常性损益前后孰低者为计算依据。

(2)资产区别:①最近一期末的净资产不少于人民币2000万元;②企业发行后的股本总额不少于人民币3000万元。

10.1.5 上市板块的选择

对于拟在A股上市的企业,有三个板块可供选择:上海证券交易所主板、深圳证券交易所中小板、深圳证券交易所创业板。具体选择哪个板块，要根据企业的实际情况和板块差异确定。

（1）企业的主营业务。如果企业的主营方向是电子信息、生物医药、新能源、环保节能、现代服务等领域，那么选择服务目标为成长性、创业期、科技含量高企业的创业板市场就更为合适。

（2）企业的财务指标。主板和中小板比较注重企业规模，创业板更强调企业的成长性和持续盈利能力。具体指标规定参见"10.1.4 境内上市主要财务区别"。

（3）审批环节。主板和中小板是同一个发行审核委员会，创业板是单独的发行审核委员会，因此创业板的审核速度较快。但创业板的审核内容非常详细，常常针对一个重要问题反复核查、反复反馈。

10.2 股权上市的流程

上市是一项系统化的大工程，一般要经历委托中介机构、尽职调查、拟订上市方案、改制与重组、上市辅导、规范运作、引进战略资本、制作与提交申报材料、发行审核、发行上市等阶段。

10.2.1 委托中介机构

参与上市的中介机构包括投资银行（财务顾问、上市保荐人、主承销商等）、律师事务所、会计师事务所、评估师机构。

从内部关系来讲，是准上市企业与财务顾问、保荐人、律师、会计师、评估师之间的相互配合协调，及各家中介机构之间的相互配合协调。

从外部关系来讲，涉及准上市企业和保荐人与地方政府主管部门、中国证券监管部门、香港联交所的相互关系。

其中，财务顾问处于枢纽地位，是为企业在资本经营方面提供投资银行服务的机构，就是从事证券发行与代理买卖、企业重组与并购，以及基金管理、风险投资等业务的专门投资银行机构。财务顾问在上市过程中的职责包括：①对拟上市企业进行尽职调查、全面了解基本情况；②根据拟上市企业的具体情况，制订企业改制重组的总体方案；③协助拟上市企业聘任相关中介机构；④成立重组工作小组。

上市保荐人负责与政府部门取得联系，并与擅长此方面业务的会计师事务所、律师事务所、评估师机构建立良好的关系，为将来上市时各种申报文件、政府批件的顺利通过打下基础。保荐人在上市时的职责包括：①保证拟上市企业的上市文件所披露的事实准确、完整、无误；②保证拟上市企业遵守上市规则；③保证拟上市企业各董事理解其责任性质，并具备所需的专业技能与经验；④保证拟上市企业具有合理机会于上市文件所述的预期时限内达到其业务目标。

10.2.2 尽职调查

尽职调查是由财务顾问在正式开展上市工作之前，依据执业标准，以职业谨慎和职业态度，从法律、财务的角度对拟上市企业的一切与本次发行有关的事项，进行资料审查与现场调查。

尽职调查完毕之后，财务顾问须出具一份《尽职调查报告》，其中必须包含的内容如表10-1所列。

表10-1 《尽职调查报告》的必备内容

要点	具体解释
基本情况	工商注册登记情况、公司章程、主要投资人、管理层情况等
本次发行股份的有关情况	拟上市企业关于本次集资额、集资用途、业务发展计划、股份结构的设想等
业务情况	原材料供应商、产品销售商、技术开发计划、市场开拓计划等
财务情况	拟上市企业的财务制度、会计流程、财务结构、收入情况、现金流量等
法律文件和其他有关的法律事宜	法律文件的齐全规范性、拟上市企业有无涉诉情况等

10.2.3 拟订上市方案

上市方案是整个上市工作的线索，是上市工作的统筹规划，上市的所有工作都将围绕上市方案展开。

上市方案主要由投资银行（财务顾问）会同企业上市工作小组、律师、注册会计师、评估师在尽职调查的基础上共同制订。

上市方案的内容包括：

（1）行业现状、前景及主要竞争性（参照《尽职调查报告》）。

（2）企业改制和重组的目标、股权结构的调整、资产重组的原则及内容、重组中应该注意的问题。

（3）新股发行时机的选择和发行价格的确定。

（4）企业上市所能筹集资金的估算，及募集资金的投向。

（5）工作程序和时间表。

10.2.4 改制与重组

企业改制和重组的目标是，使企业的结构和状态符合上市的要求，包括但不限于企业架构的设计、治理结构、管理体制、股权结构、财务结构、产权关系等。

改制和重组需要考虑的内容：①明晰企业产权结构；②完善优化企业生产经营体系，剥离负担和突出主营业务；③改善股权结构和财务结构；④关联交易和同业竞争；⑤业绩的持续计算。

境内上市与境外上市重组是有区别的：境内上市通过改制为股份公司上市；境外上市通过海外造壳，把国内的公司股份转移至海外壳公司，海外壳公司为股份公司海外上市。

10.2.5 上市辅导

股份公司在提出首次公开发行股票申请前，应聘请专业辅导机构进行辅导。辅导期至少为一年，程序如下（见图10–1）。

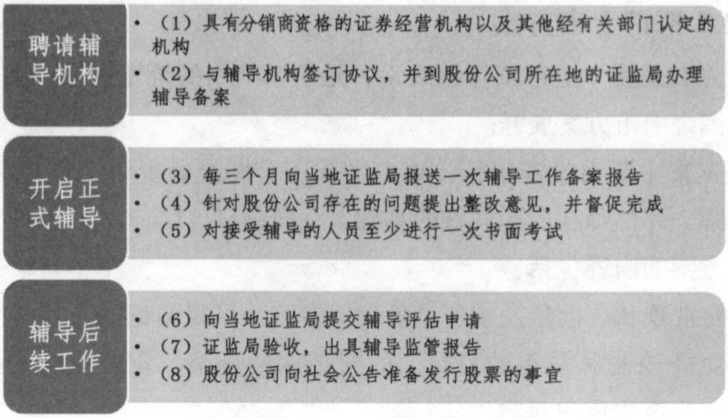

```
┌─────────┬──────────────────────────────────────────────────────┐
│ 聘请辅  │ •（1）具有分销商资格的证券经营机构以及其他经有关部门认定的│
│ 导机构  │   机构                                                │
│         │ •（2）与辅导机构签订协议，并到股份公司所在地的证监局办理│
│         │   辅导备案                                            │
├─────────┼──────────────────────────────────────────────────────┤
│ 开启正  │ •（3）每三个月向当地证监局报送一次辅导工作备案报告    │
│ 式辅导  │ •（4）针对股份公司存在的问题提出整改意见，并督促完成  │
│         │ •（5）对接受辅导的人员至少进行一次书面考试            │
├─────────┼──────────────────────────────────────────────────────┤
│ 辅导后  │ •（6）向当地证监局提交辅导评估申请                    │
│ 续工作  │ •（7）证监局验收，出具辅导监管报告                    │
│         │ •（8）股份公司向社会公告准备发行股票的事宜            │
└─────────┴──────────────────────────────────────────────────────┘
```

图10-1　上市辅导程序

除了上市辅导的流程外，辅导的内容也应根据企业本身的情况和所在行业的情况而确定，但通常会包括以下七项（见图10-2）。

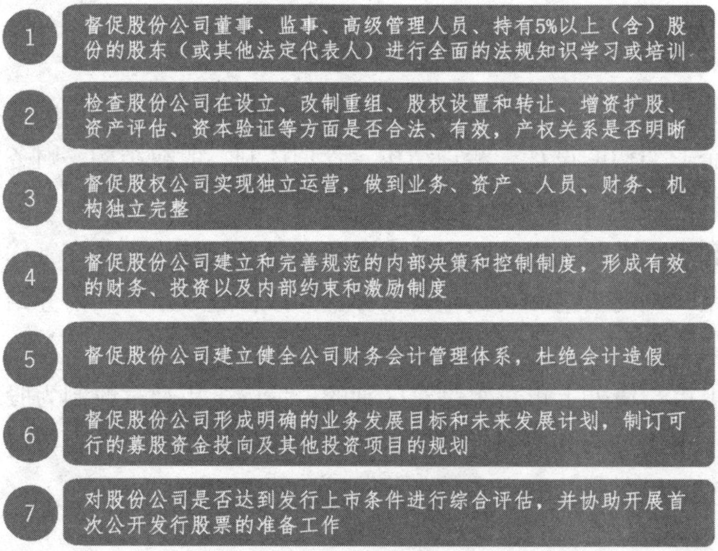

1. 督促股份公司董事、监事、高级管理人员、持有5%以上（含）股份的股东（或其他法定代表人）进行全面的法规知识学习或培训

2. 检查股份公司在设立、改制重组、股权设置和转让、增资扩股、资产评估、资本验证等方面是否合法、有效，产权关系是否明晰

3. 督促股份公司实现独立运营，做到业务、资产、人员、财务、机构独立完整

4. 督促股份公司建立和完善规范的内部决策和控制制度，形成有效的财务、投资以及内部约束和激励制度

5. 督促股份公司建立健全公司财务会计管理体系，杜绝会计造假

6. 督促股份公司形成明确的业务发展目标和未来发展计划，制订可行的募股资金投向及其他投资项目的规划

7. 对股份公司是否达到发行上市条件进行综合评估，并协助开展首次公开发行股票的准备工作

图10-2　上市辅导的内容

10.2.6 规范运作

对拟上市企业进行辅导的目的是，实现企业的规范性运作。企业的规范化运作重点部分有五个：

1. 检查股份公司改制过程中是否遗留法律问题

（1）检查发行人（即发行的主体）设立的程序、主体资格、条件，出资是否符合有关法律法规和相关文件规定，并得到有关部门的批准。

（2）发行人设立过程中签订的改制重组合同应符合有关法律法规和相关文件规定，发行人设立行为是否存在潜在纠纷。

（3）股权设置和转让、增资扩股、资产评估、资本验证等方面是否合法，产权关系是否明晰。

（4）是否履行设立过程中的验资、评估等必要程序。

（5）是否办理资产权属变更登记手续，是否妥善处置了商标、专利、土地、房屋等资产的法律权属问题。

2. 日常运作合法合规

（1）担保行为：审慎对待和严格控制对外担保产生的债务风险。

（2）资金占用：拟上市企业与控股股东及其他关联方的资金往来。

（3）借贷行为：拟上市企业不得有偿或无偿拆借本企业的资金给控股股东及其他关联方使用，同时也不得通过银行或非银行金融机构向关联方提供委托贷款。

3. 避免和消除同业竞争的限制

（1）同业竞争的界定和规范。

（2）不属于实质性同业竞争的特定情形，应请拟上市企业做出解释。

（3）拟上市企业应详细披露同业竞争及解决措施。

（4）关注将来可能产生的同业竞争。

4. 关联交易问题

拟上市企业由控股大股东控制，但同时大股东又控制与本企业有竞争关系的"兄弟公司"（见图10-3）。这样的关联交易对企业上市将产生负面影响，应尽量减少，并依法操作。

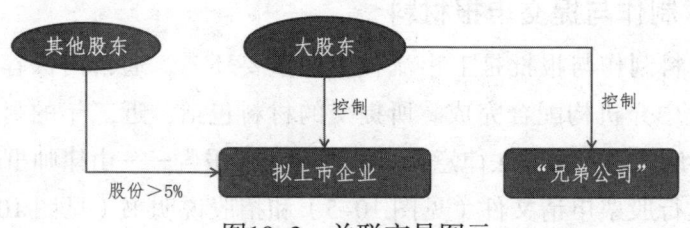

图10-3 关联交易图示

5. 会计政策稳健问题

发行人选择运用的会计政策和会计估计，是否恰当遵循谨慎一贯性的原则；发行人会计核算收入、成本、费用是否符合有关会计制度和会计准则的约定（见图10-4）。

图10-4　谨慎一贯性的关注

10.2.7 引进战略资本

拟上市企业根据自身情况可以选择是否在上市前引进战略资本，也就是说这不是必需的一步，但对于确实需要引进战略资本的企业却是非常重要的。

战略资本的类型包括：①金融资本。资本企业为取得高资本收益率对拟上市企业的投资，可在拟上市企业上市后通过二级市场转让退出，比如蒙牛乳业（集团）股份有限公司引入摩根士丹利、英联投资有限公司。因为最终以退出获利为目的，所以投资通常是短期行为，有助于改善企业的规范运作和治理结构，且对企业控制权不构成威胁。②产业资本。资本企业为扩展所在行业产业链、提高市场份额及强势进入某个领域，对拟上市企业的投资，属于长期"联姻"的形式，能为企业长期发展提供互补式帮助，但对企业有控制欲望。

10.2.8 制作与提交申报材料

申报材料制作与报批是上市流程中的重要环节，通常由保荐人与发行人以及相关中介机构配合完成。所提交的材料包括：近三年的财务审计报告——由审计机构完成；法律意见书及律师工作报告——由律师事务所完成；首次公开发行股票申请文件（见图10-5）和招股说明书（见图10-6）——

由拟上市企业完成。

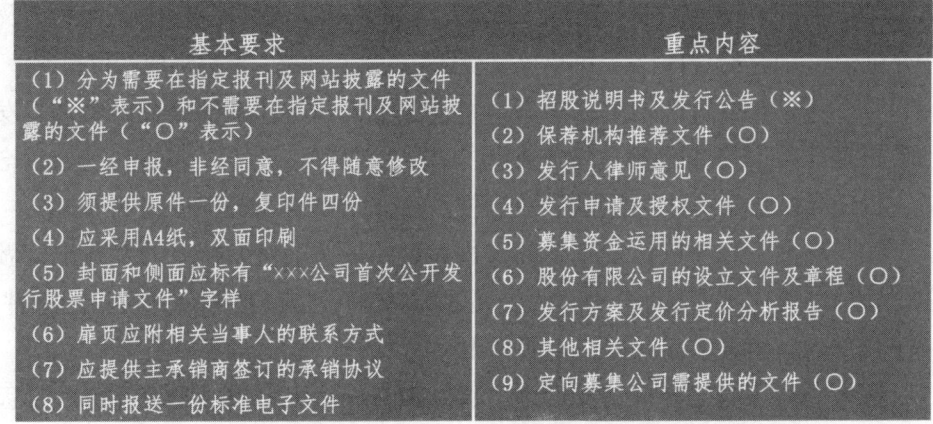

图10-5 首次公开发行股票申请文件的基本要求和重点内容

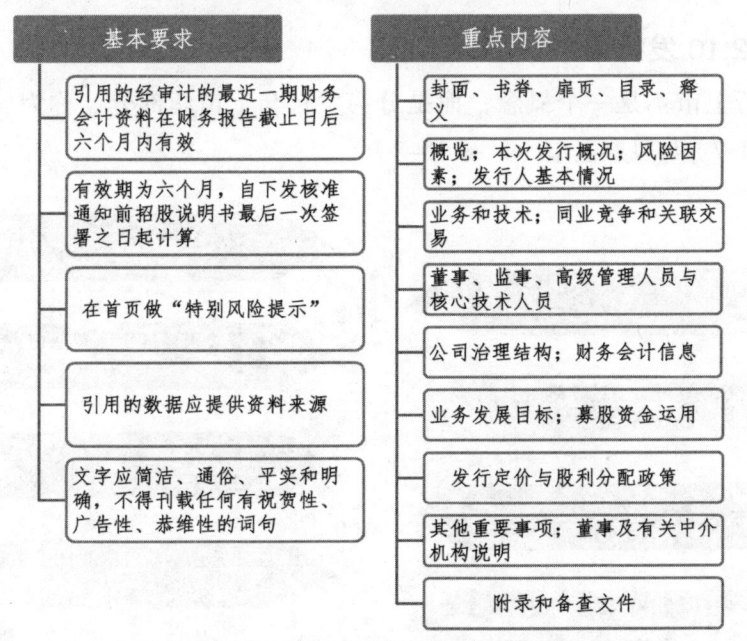

图10-6 招股说明书的基本要求和重点内容

10.2.9 发行审核

股票的发行审核是为了关注企业的几个重点问题，如业绩真实可靠、经营能力持续、会计政策稳定、盈利预期合理、信息披露充分、出资与税收合法等。审核的具体步骤是：

（1）备审文件。发行申请文件必须齐全，形式合规。

（2）初审。证监会发行部先审阅、后反馈，对申请文件提出意见。发行人及中介机构落实意见，再由发行部审核反馈意见的落实情况，然后形成初审报告。

（3）再审。发行部初审完毕后，将初审报告和申请文件提交证监会"发行审核委员会"（下文简称"发审委"）工作会议审核。七名委员进行充分讨论后，以记名投票方式对股票发行审核进行表决，同意票数达到五票为通过。

（4）核准发行。依据发审委的审核意见，证监会对发行人的发行申请做出"核准"或"不予核准"的决定。予以核准的，出具核准公开发行的文件；不予核准的，出具书面意见，说明理由。

证监会应当自受理申请文件之日起三个月内做出最终决定。在审核过程中的任何步骤中收到举报信息的，必须处理完毕，方可进入下一步骤。

10.2.10 发行上市

发行上市不是一个概念，而是分为发行与上市两部分，称为股票发行（见图10-7）与股票上市（见图10-8）。

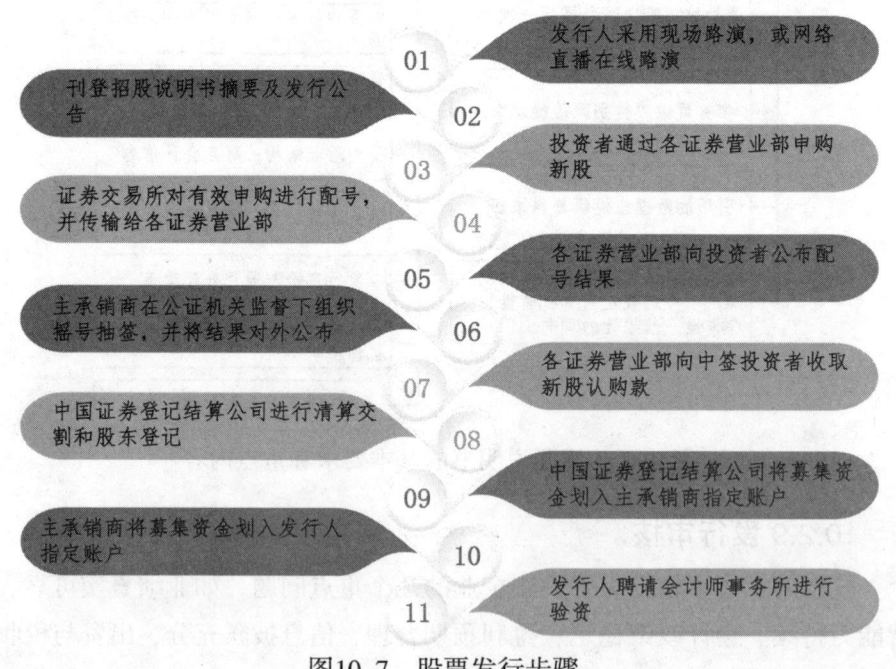

图10-7 股票发行步骤

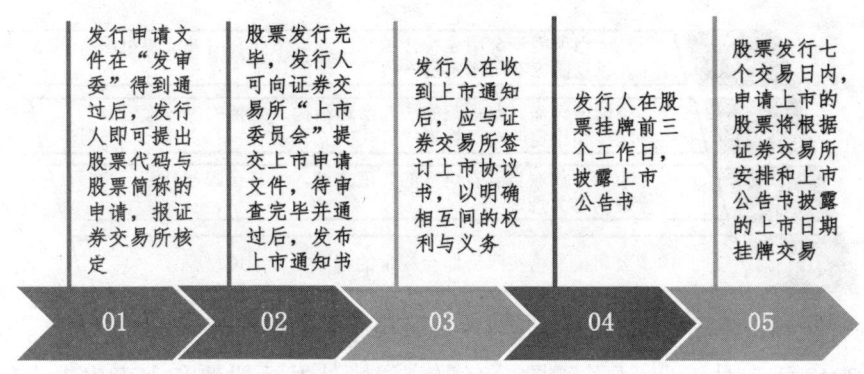

图10-8 股票上市步骤

10.3 境外上市

随着经济的发展与世界大环境的联动，赴境外上市的企业越来越多。为了更好地适应境内企业，特别是中小企业、创业企业的融资需求，服务实体经济发展，中国证监会进一步放宽境内企业在境外发行股票和上市的条件，简化审核程序，提高监管效率。依照《公司法》设立的股份有限公司在符合境外上市地上市条件的基础上，可自主向中国证监会提出境外发行股票和上市申请。那么，境外上市企业的上市条件有哪些？需要哪些文件？又有哪些具体流程？

10.3.1 境外上市公司的条件

符合境外上市条件的境内股份有限公司，均可向中国证监会申请境外直接上市。境内公司赴境外直接上市，须有境外推荐人、境外主承销商、境外会计师事务所、境外律师事务所等中介机构深入参与，为此境内公司在确定境外中介机构之前，应将拟选中介机构名单书面报证监会备案。只有符合以下必要条件的上市申请，证监会才予以批准（见图10-9）。

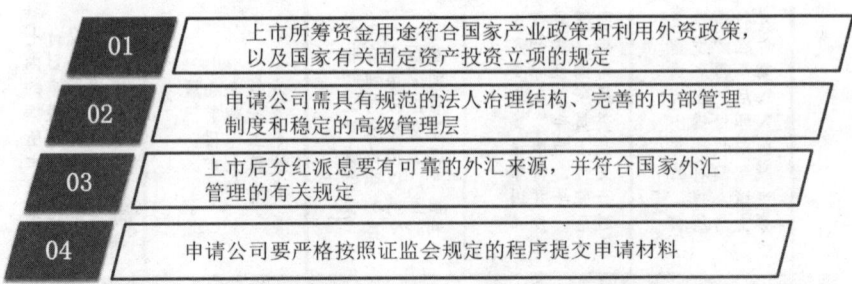

图10-9 境外上市公司所需的条件

2013年1月1日,《关于股份有限公司境外发行股票和上市申报文件及审核程序的监管指引》(下文简称《指引》)正式发布,境内企业可自主向中国证监会提出境外发行股票和上市申请。《指引》的出台意味着中国证监会于1999年7月14日发布的《关于企业申请境外上市有关问题的通知》(证监发行字[1999]83号)同时废止,其中著名的"四五六规定"(申请公司的净资产不少于4亿元,境外融资额不少于5000万美元,上一年税后利润不少于6000万元的硬性指标)也随之成为历史。

《指引》实施后,可以有效分流A股市场大量堆积的待审企业。根据《指引》,中国证监会在收到拟境外上市企业的申请文件后,可就涉及的产业政策、利用外资政策和固定资产投资管理规定等事宜征求有关部门意见。中国证监会关于公司境外发行股票和上市的核准文件有效期为12个月。

拟境外上市企业收到中国证监会的受理通知后,可向境外证券监管机构或交易所提交发行上市初步申请。拟境外上市企业在收到中国证监会的行政许可核准文件后,可向境外证券监管机构或交易所提交发行上市正式申请。

10.3.2 申请境外上市需要的文件

境内公司赴境外上市,应提交下列文件:

(1)申请报告,内容包括公司演变及业务概况、股本结构、公司治理结构、财务状况与经营业绩、经营风险分析、发展战略、筹资用途、符合境外上市地上市条件的说明、发行上市方案等;

(2)股东大会及董事会相关决议;

(3)公司章程;

（4）公司营业执照、特殊许可行业的业务许可证明（如适用）；

（5）行业监管部门出具的监管意见书（如适用）；

（6）国有资产管理部门关于国有股权设置以及国有股减（转）持的相关批复文件（如适用）；

（7）募集资金投资项目的审批、核准或备案文件（如适用）；

（8）纳税证明文件；

（9）环保证明文件；

（10）法律意见书；

（11）财务报表及审计报告；

（12）招股说明书（草稿）；

（13）中国证监会规定的其他文件。

10.3.3 境外上市的步骤

准备境外上市，其步骤与在境内上市有些不同，在此不做过多赘述，只将关键步骤列举出来：

（1）公司申请境外发行股票和上市的，应向中国证监会报送"10.3.2 申请境外上市需要的文件"中列明的行政许可申请文件。

（2）中国证监会依照《中国证券监督管理委员会行政许可实施程序规定》（证监会令第66号），对公司提交的行政许可申请文件进行受理、审查，作出行政许可决定。

（3）中国证监会在收到公司申请文件后，可就涉及的产业政策、利用外资政策和固定资产投资管理规定等事宜征求有关部门的意见。

（4）公司收到中国证监会的受理通知后，可向境外证券监管机构或交易所提交发行上市初步申请；收到中国证监会行政许可核准文件后，可向境外证券监管机构或交易所提交发行上市正式申请。

（5）公司应在完成境外发行股票和上市后15个工作日内，就境外发行上市的有关情况向中国证监会提交书面报告。

（6）中国证监会关于公司境外发行股票和上市的核准文件有效期为12个月。

（7）境外上市公司在同一境外交易所转板上市的，应在完成转板上市后15个工作日内，就转板上市的有关情况向中国证监会提交书面报告。

10.4 境外上市的形式

关于境外上市的形式，可以简单地划分为直接上市和间接上市，关于直接上市，将在"10.4.1 直接上市"中详细说明。而间接在境外上市的主要特点就是需要境外的"壳"公司，通过将内地资产及业务注入"壳"公司的方式，达到内地资产境外上市的目的。不同的是可以自己造壳，也可以通过借壳或买壳的方式实现上市。

10.4.1 直接上市

境外直接上市是指直接以境内企业的名义向境外证券主管部门提出登记注册、发行股票的申请（或其他有价证券），并向当地证券交易所申请挂牌上市交易。

比如 H 股、N 股、S 股等，H 股是指中国内地企业在香港联合交易所发行股票并上市，取 Hong Kong 首字母"H"为名；N 股是指中国境内企业在纽约证券交易所发行股票并上市，取 New York 首字母"N"为名；S 股是指中国境内企业在新加坡证券交易所发行股票并上市，取 Singapore 首字母"S"为名。

境外直接上市多采用 IPO 的方式进行，是指企业第一次将其股份向公众出售。具体操作是企业通过一家股票主承销商以特定价格在一级市场承销其一定数量的股票，此后该股票可以在二级市场或"店头市场"（又称"柜台交易市场"）买卖。

IPO 的操作程序非常复杂，必须聘请很多中介或服务机构。因为拟境外上市企业要面对不同的境内外法律法规，不同的会计准则，不同的企业管理、股票发行、交易要求，需要同各类中介机构密切配合，探讨符合境内外法规及交易要求的上市方案。这一过程既苦且长，需经过境内、境外监管机构审批，还有极其严格的财务审计，时间和货币成本都很高。

但是，通过 IPO 直接上市可以使企业的股票发行范围更广，价位更高，声誉更大，因此很多实力强且稳健的企业，多以此方式赴境外上市。

10.4.2 造壳上市

间接造壳上市是指境内企业股东在境外"离岸中心"[如英属维尔京群岛（BVI）、开曼群岛、巴哈马群岛、百慕大群岛等地]注册一家"离岸公司"，以现金收购或股份置换的方式取得境内企业资产的控制权，再在境外以 IPO 的方式挂牌上市。

X 公司是内地某民营化工企业，有三个自然人股东 A、B 和 C，出资比例分别为 5∶3∶2。将以下过程以图 10-10 表示。

（1）A、B、C 三人按照在内地 X 公司的出资比例在英属维尔京群岛（BVI）设立 Y 公司。

（2）由境外 Y 公司与境内 X 公司的股东 A、B、C 进行股权转让，收购三人拥有的 X 公司股权，则 X 公司变为 Y 公司的全资子公司，X 公司的所有运作基本转移到 Y 公司。与此相关的 X 公司的业绩、资产及负债即可包括在 Y 公司的合并报表中。

（3）此后，Y 公司在开曼群岛注册成立另一家"离岸公司"——Z 公司，作为日后在目标证券市场挂牌上市的公司。

（4）Y 公司将其拥有的 X 公司的全部股权转让给 Z 公司，由 Z 公司通过 IPO 方式挂牌上市。

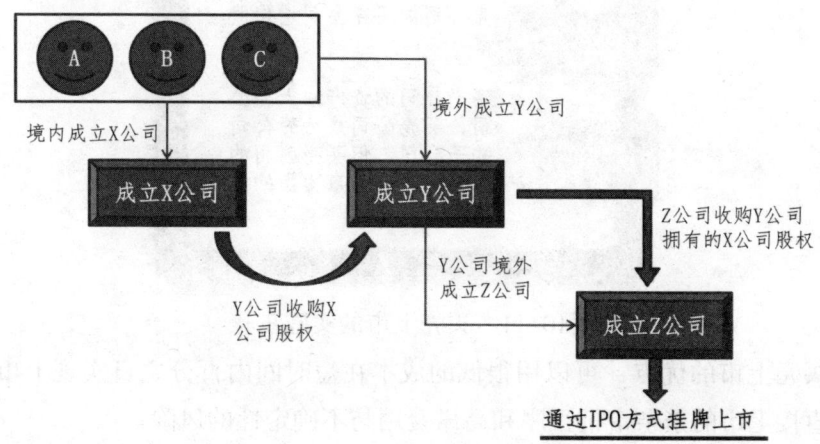

图 10-10　造壳上市的案例图示

10.4.3 买壳上市

境外造壳通过IPO上市，企业将面对高昂的费用、复杂的程序和相对较长的等待时间。更重要的是各级证券市场的进入门槛（对企业资产、利润、股东人数等最低要求）和对企业在法律、财务上的严格审查，企业很难保证完全上市。

而对上市融资有着强烈愿望的多是中小型民营企业，或者因为自身资产、利润等情况达不到目标市场证券要求；或者因为企业的法律、财务管理不够规范；或者无法承受IPO所需的费用……因此这些企业会选择更为简单的方式——买壳上市。

买壳上市又称"反向收购"，是指一家非上市企业（买壳公司）通过收购一些业绩较差、筹资能力已经相对弱化的上市企业（壳公司），然后通过反向收购的方式注入业务与资产，实现在境外间接上市的目的。通过这种方式上市的理论成功率为100%，因为收购的是已上市企业。操作方式分三步（见图10-11）。

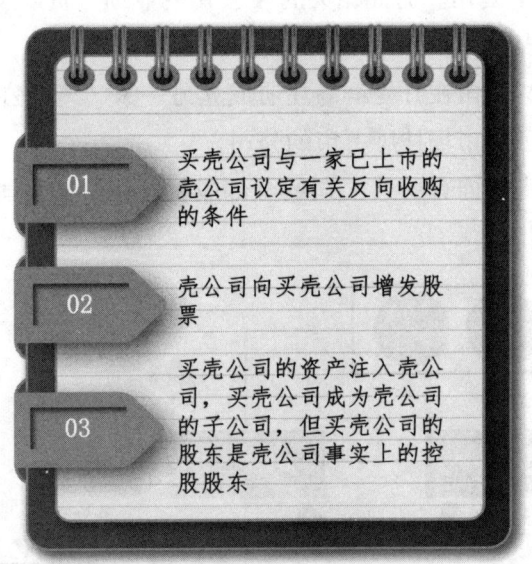

图10-11 买壳上市的实施步骤

买壳上市的优点：可以用很低的成本在短时间内百分之百实现上市，避免了直接上市的繁杂审批程序和高昂费用与不确定性的风险。

买壳上市的缺点：因为壳公司基本都处于利润极少、零利润，甚至停工状态，但仍保持上市资格。可见这些壳公司的状况非常不好，零资产、零负债，只剩下公司架构和股东的最具吸引力；存在大量负债而几乎没有资产的最不令人满意；若是存在诉讼问题或其他如不良经营记录等历史遗留问题的则更为糟糕。因此，一旦壳公司选择不当，很可能还没有融到资，就将企业拖入深渊。理想的壳公司应该具有以下特点（见图10-12）。

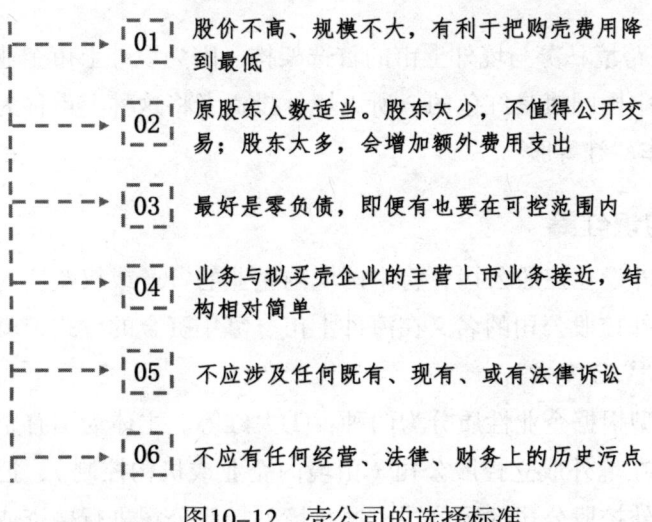

图10-12 壳公司的选择标准

10.4.4 借壳上市

借壳上市是指未上市公司的母公司通过将主要资产注入已上市公司的子公司中，来实现未上市公司母公司的上市。

在实施方式上可分为三种：①直接操作。境内企业已有分支机构在境外上市。②顺序操作。境内企业的境外的分支机构没有上市的，可通过业务、股权的整合使其在境外上市后，母公司再注入资产实现借壳。③切割操作。境内企业没有境外分支机构，可先剥离一块优质资产在境外以合适的方式上市，然后将集团公司的其他项目注入境外上市公司中去实现借壳。

借壳上市和买壳上市的共同之处：对上市公司"壳"资源进行重新配置，实现间接上市。

借壳上市和买壳上市的不同之处：买壳企业要先获得对一家上市公司的控制权，借壳企业已经拥有了对上市公司的控制权。

10.5 红筹模式的搭建

红筹架构是跨境私募与境外上市的首选架构。因为境外上市企业的主营业务在境内，而中国国旗是红色的，所以境外投资者将这种上市称为"红筹上市"，股票称作"红筹股"。

10.5.1 初识红筹

通过在境外设立控股公司，将中国境内企业的资产或权益注入境外控股公司，并以境外控股公司的名义在海外上市、募集资金的方式，就是"红筹模式"，也叫"VIE模式"。

红筹的类型根据企业性质分为两种：①大红筹。主体为国有企业，指境内企业或机构在境外成立控股公司（由境内企业或机构控制），把境内的经营主体变成境外控股公司的子公司，通过境外控股公司进行融资或完成上市的操作模式。大红筹需要证监会、发改委、商务主管部门、国资委等部门的审批，因此少有成功案例。②小红筹。主体为民营企业，指境内自然人在海外成立控股公司（由境内自然人控制），把境内企业的经营主体变成境外控股公司的子公司，通过境外控股公司进行融资或完成上市的操作模式。常规的红筹均指小红筹。

10.5.2 红筹的作用

红筹最主要的作用是股权和资本运作方便，并可享受税务豁免。

（1）红筹上市的主体多是在开曼群岛等"离岸中心"注册的海外控股公司，负责全部股权运作事宜。海外控股公司股权运作实行授权资本制，即授权海外控股公司董事或董事会自行处理，包括发行普通股股票和各类由公司自行确定权利义务的优先股股票、转增股本、股权转让、股份交换等。优点有两点：①有极强的灵活性、自主性，能满足包括公司股东和私募投资人在内的各方的要求；②股票可以全流通，方便大股东套现。

（2）因为红筹上市的主体是海外控股公司，所适用的法律属英美法系，更容易被国际投资人理解和接受。

（3）所在"离岸地"政府对海外控股公司只收取注册、年检等费用，不征收任何税收，上市主体进行资本运作的成本大大降低。

10.5.3 红筹搭建的步骤

想要了解红筹搭建的步骤，就要知道红筹搭建的主线——境外成立的控股公司（由境内自然人控制），其把境内企业的经营主体变成子公司，然后通过海外控股公司进行融资或完成上市（见图10-13）。

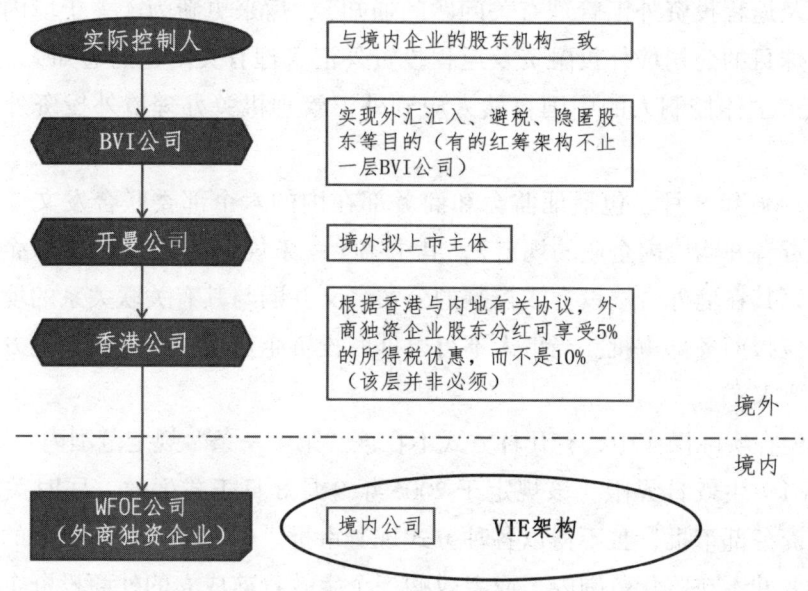

图10-13 红筹搭建的架构

对于图10-13的具体解释如下：

（1）境内企业的实际控制人在境外设立海外控股公司——开曼公司。

（2）引入外部投资人或自行筹资进入开曼公司，金额相当于境内企业的净资产值。

（3）开曼公司收购（或通过香港公司收购）实际控制人控制的境内企业股权，将对价汇入境内，并将境内企业变更为外商独资或合资企业；或者开曼公司不直接收购境内企业股权，而是设立WFOE公司为境内企业提供垄断性咨询与管理等服务，境内企业将其所有净利润以"服务费"的方式支付给WFOE公司。

（4）实际控制人在开曼公司上层设立BVI公司，收购开曼公司股权或与其换股。

（5）开曼公司向海外交易所提出上市申请。

10.5.4 搭建红筹架构需要注意的问题

为保障境外红筹架构企业的到位，政府制定出相关法律规范。

2005年10月，外汇局发文《关于境内居民通过境外特殊目的公司境外融资及返程投资外汇管理有关问题的通知》，后来更新为《关于境内居民通过特殊目的公司境外投融资及返程投资外汇管理有关问题的通知》，规定境外上市主体控制人的中国自然人应到外汇管理机关办理境外投资外汇登记手续。

2006年8月，包括证监会和商务部在内的六个部委联合发文《关于外国投资者并购境内企业的规定》，其中第十一条规定："境内公司、企业或自然人以其在境外合法设立或控制的公司名义并购与其有关联关系的境内的公司，应报商务部审批。当事人不得以外商投资企业境内投资或其他方式规避前述要求。"

但在实际操作中，有几种方式不在该"第十一条"规定范围内：

（1）生效日界限。该规定于2006年9月8日正式生效，届时关联并购应报商务部审批，且不得以各种方式规避审批。但在生效日前设立的外商投资企业并不在监管范围内，或者收购一个生效日前成立的外商投资企业，再投资境内企业。

（2）不涉及关联。可借非关联境外投资人在境外设立的壳公司收购境内企业所有股权，将境内企业变更为一家WFOE公司，然后由境内企业自然人股东或实际控制人在境外设立特殊目的公司（SPV公司），受让前述非关联境外投资人所持壳公司全部股权，实现境内企业权益出境（见图10-14）。

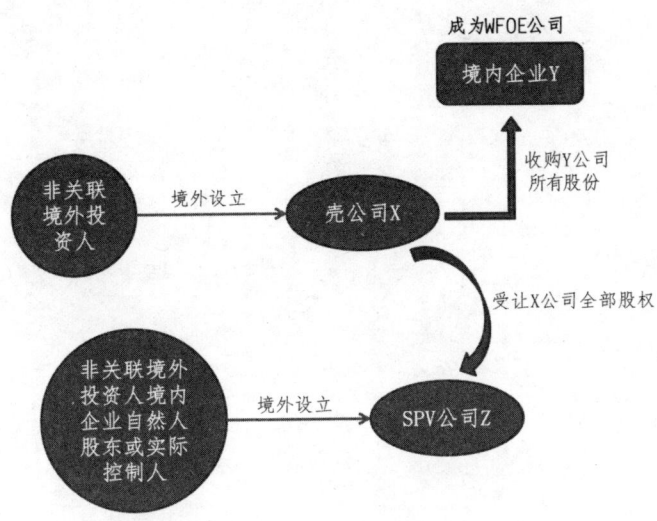

图10-14 不涉及关联的操作方式

（3）不涉及并购。由境内企业自然人股东或实际控制人在境外设立 SPV 公司，再由 SPV 公司在境内新设 WFOE 公司，在 WFOE 公司与境内企业之间搭建 VIE 架构，实现 WFOE 公司对境内企业的实际控制以及境内企业利润向 WFOE 的转移（见图 10-15）。该 WFOE 公司还应通过签订合同，取得对境内企业全部股权的优先购买权、投票表决权、经营控制权和抵押权，实现境内权益实质出境。

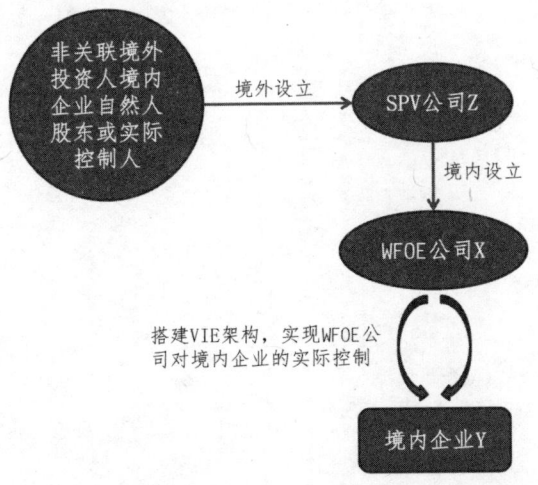

图10-15 不涉及并购的操作方式

附　录

附录一：股权架构的16个阶段

第一阶段：公司创立

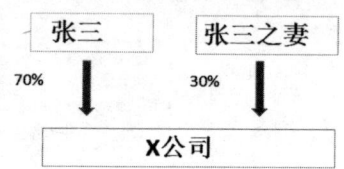

第二阶段：引入创业伙伴

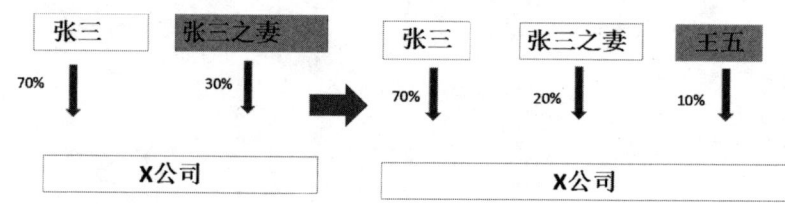

第三阶段：创业伙伴退出

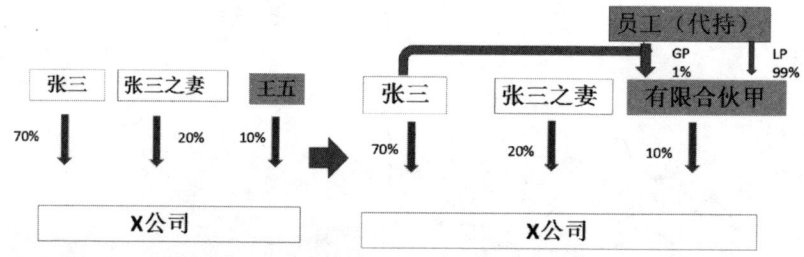

第四阶段：直接架构变混合架构

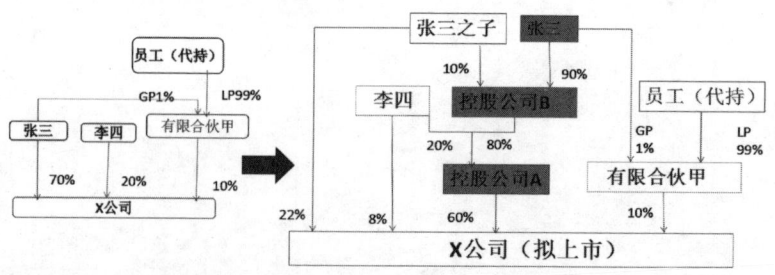

第五阶段：员工股权激励

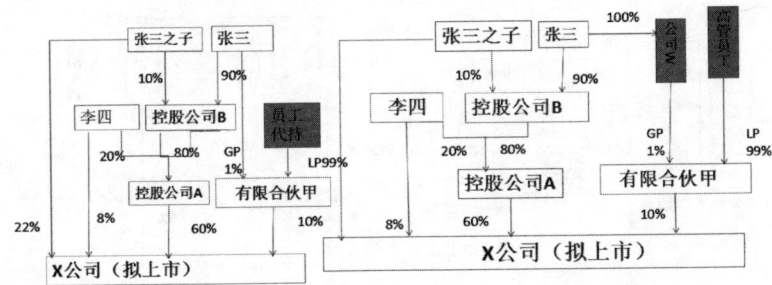

第六阶段：上下游持股

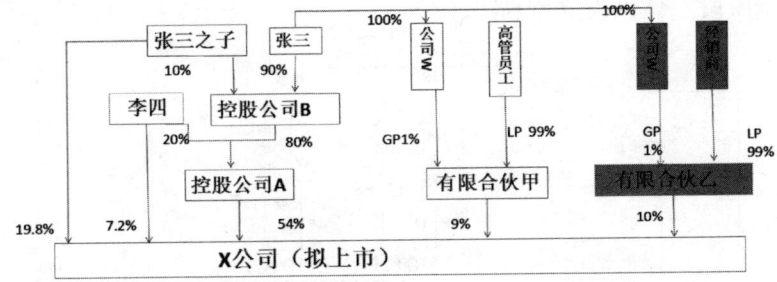

第七阶段：引入下一轮PE

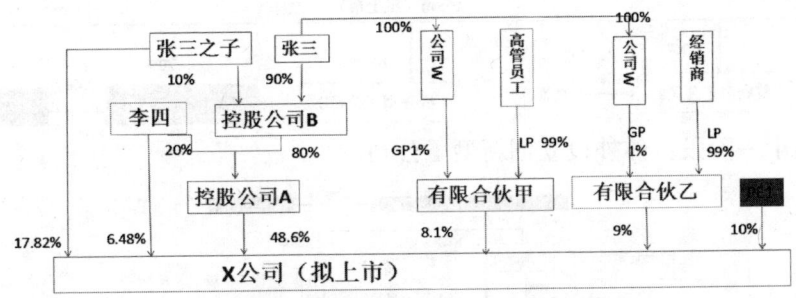

第八阶段：设立复制型控股子公司

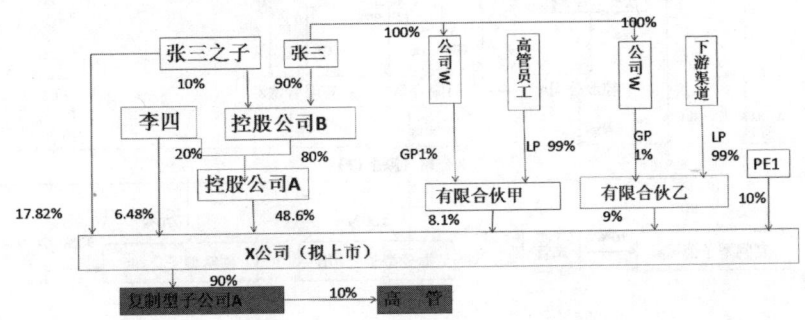

第九阶段：设立拆分型全资子公司

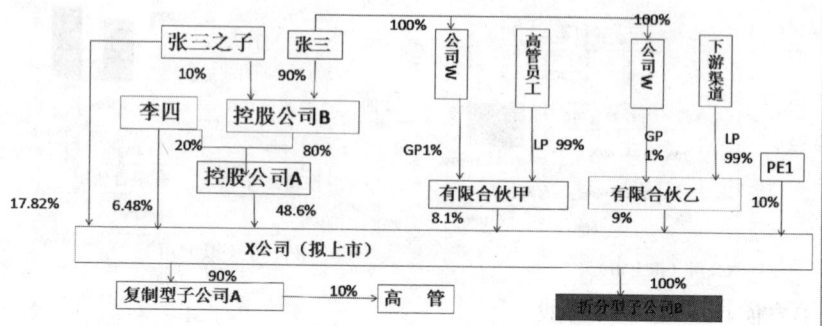

第十阶段：体内设立创新型子公司

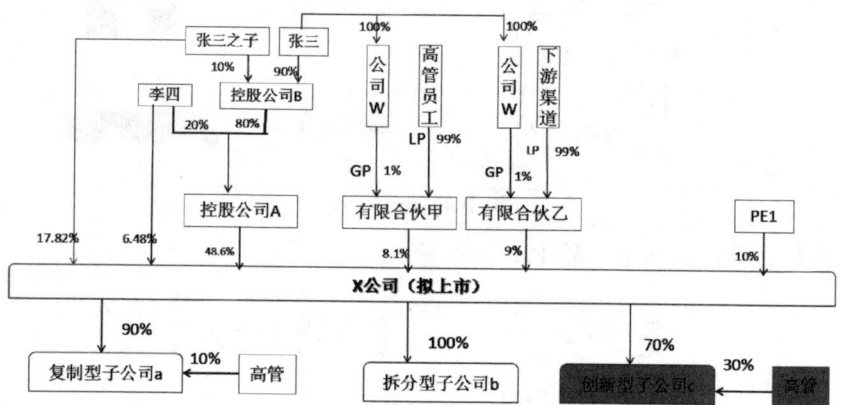

第十一阶段：体外设立创新型子公司

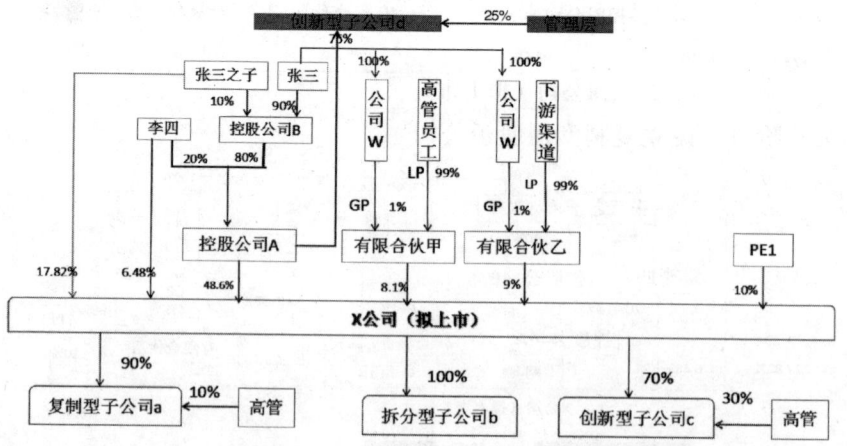

第十二阶段：体外设立参股公司

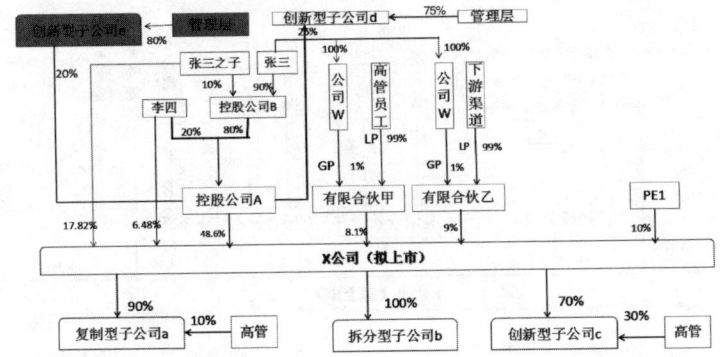

第十三阶段：股权置换

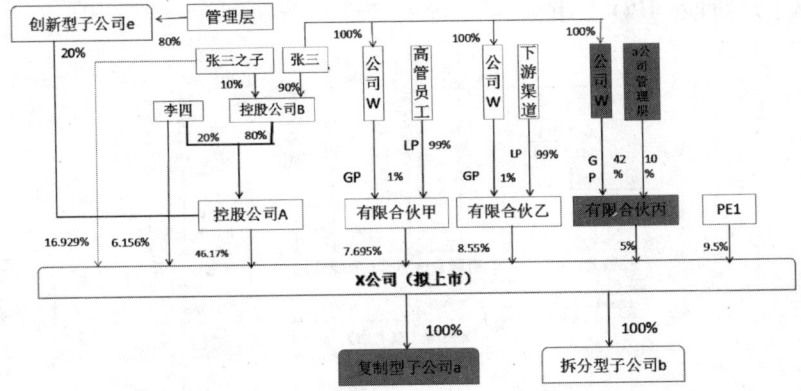

第十四阶段：并购体外参股公司

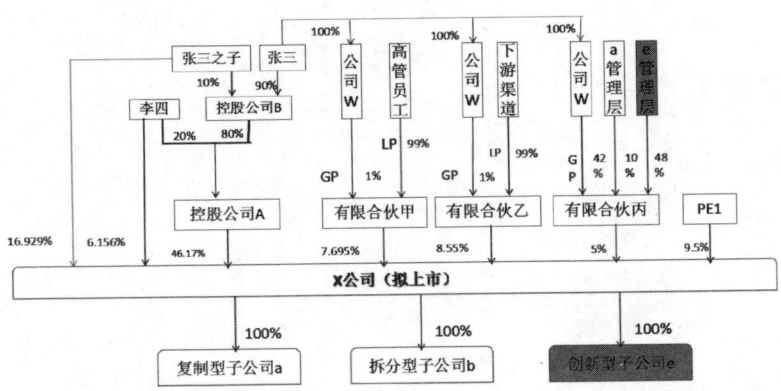

第十五阶段：引入第二轮PE

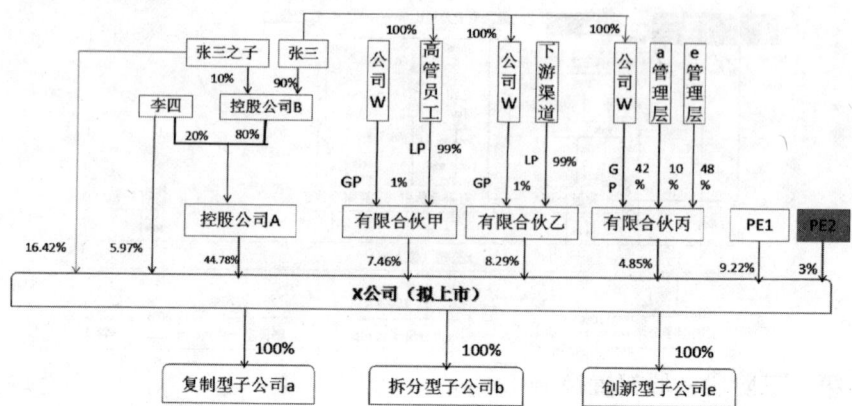

第十六阶段：IPO上市

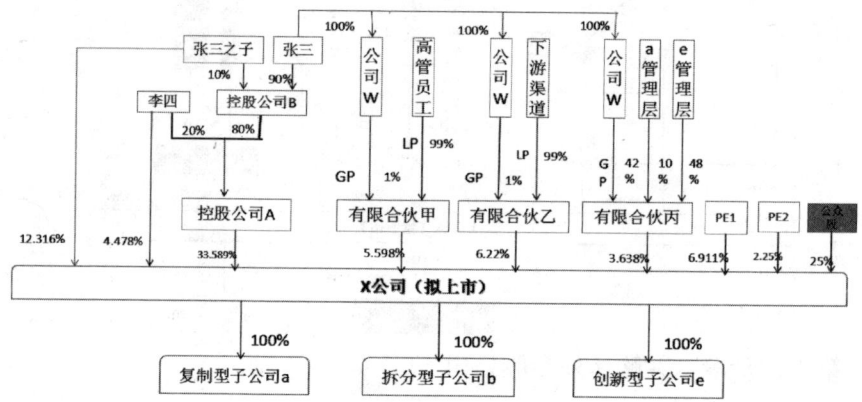

附录二：川尚股权案例集锦

一、成都伍戈服饰——打造中国快时尚男装领导品牌

总经理：黄成武

股改前：

从 2007 年到 2018 年，11 年一直在几家到十家店徘徊，企业进入瓶颈期，老板失去了对行业的信心。

股改后：

1. 企业改变

门店裂变：从 2019 年 1 月到 5 月，5 个月内从 8 家店裂变到 33 家店。

业绩裂变：业绩从 800 多万元做到近 3000 万元。

市场裂变：从郫都区变成全国市场开发。

企业裂变：从 1 家公司成功裂变成 3 家公司（连锁直营公司＋联营公司＋贸易公司）。

规模裂变：三年规划开 200 家店，销售额做到 2 亿元。

目标裂变：从赚小钱到资本上市。

2. 员工改变

心态改变：导入股权后员工变被动为主动了。

行为改变：店长下班后主动去找新店铺，股东员工为完成业绩办法层出不穷。

能力改变：导入川尚咨询"徒子徒孙股权计划"后，有两位店长已升至片区主管，一位片区主管已经升为大区总监。有三位店长已分别培养了 2~5 位新店长。

3. 老板受益后把身边多位企业家朋友介绍给川尚咨询，其中已有两家（烽行服饰、思齐教育）企业通过川尚股权设计落地后得到再次发展。

二、成都多姿彩美容连锁——打造中国美业祛斑祛痘专业品牌
总经理：李春秀

股改前：

两家美容院。

股改后：

1. 企业改变

门店裂变：两年时间，从两家店裂变到8家直营店，35家加盟店。

业绩裂变：直营店业绩从几十万元做到800万元。

市场裂变：从龙泉驿区做到四川省市场开发。

企业裂变：从一家公司变成两家公司（连锁直营公司+品牌管理公司）。

规模裂变：三年规划开直营店50家，加盟店200家。

2. 员工改变

心态改变：导入川尚股权后原来准备辞职的三位店长，不但不辞职，反而借钱入股。员工从不听话到自动自发而且还特别感恩，老板实现了真正意义上的解放。

行为改变：导入川尚股权以前企业最忙的就是老板，每天晚上很晚才睡觉，创业的辛苦导致家庭成员意见大。现在系统建设做得非常好，每个店长都自动自发地将自己的角色和岗位职责履行得非常好！

三、重庆佳婴品牌管理有限公司——打造中国母婴行业领导品牌
董事长：蔡明斌

股改前：

由于老板对股权的理解不够全面，在公司规模小时以公司初始投资给部分员工进行股权激励，但在合同中并没有说明当时的公司店铺数量及估值，在后面的几年中公司不断投钱，当公司店铺扩大到了18家，公司资产达3000万元时，老板没要求入股的员工跟投，也没有进行股权规范，员工所拥有的公司股份仍是以原来的资产进行计算，故部分员工每年分红回报率很高，且都是现金。如此形成了分配不均及对公司利益形成挤压的不利局面。

股改后：

（1）川尚咨询解决了前期股权不规范的后遗症。

（2）川尚咨询通过企业价值塑造重新估值了企业资产，员工自动乐意购买股权。股权激励实施一个星期，公司员工52人入股，入股近800万元。

（3）川尚咨询协助实施四驱动力系统两个月后，公司产生了10个目标最高级别——首席导购的业绩。公司形成了有效的竞争氛围，达到人效最大化。

（4）原来老板及老板娘日日操劳，事必躬亲，现在企业组织架构清晰，组织高效运转，业绩不断攀升，即将启动第二轮股改，规划公司未来五年至十年商业帝国。

四、成都烽行服饰连锁——打造中国轻奢时尚男装领导品牌

董事长：刘博

股改前：

创业一年多，股东四兄弟创业，平分股权各占25%，川尚咨询认为在企业未来的控制权、决策力、价值贡献、法律风险等方面埋下了隐患。

股改后：首期股改12位店长入股，入股金额115万元，五个月新开12家直营店，一个月新开8家联营店。

（1）在成都伍戈服饰推荐下做了川尚股权咨询后，一是企业重新进行了企业定位——快时尚轻奢男装；二是现在只开当地最大最好的精品店；三是从只开直营店到既开直营店又开联营店。

（2）股东之间重新论资排辈找出老大，以能定岗，以岗定股。

（3）重新架构企业股权制定企业战略目标，分解成短、中、长期，可落地、可执行的路线图。为了企业长治久安，连股东家属都签订了保密和竞业协议。

（4）内部股权激励首期落地，12位店长入股，入股金额115万元。

（5）员工反馈，通过川尚咨询股权落地后，员工从以前的为老板干到现在为自己干，想尽各种方法做出更多业绩，心态发生了极大的转变。从2018年底的12家门店到2019年5月开到20家直营门店，2019年6—7月，一个月新开8家联营店。

五、成都鑫泰兴酒业——打造高端酒类专卖连锁平台

总经理：袁齐刚

股改前：

20多年来开了3家店，在成都高端白酒零售行业有一定的口碑，打下了坚实的基础，但找不到扩张的方法。

股改后：规划三年用川尚股权裂变开21家店，产值做到2.8亿元。

1. 从2017年底结缘川尚，2018—2019年一年时间导入川尚股权后新开4家店。

2. 团队从8个人发展到25个人，团队凝聚力增强，原来是在店里等客上门，现在学会了既等客上门又走出去做地推、团购。

3. 重新帮老板从投资到回报，从门店业绩到利润，从费用核算到产品设计进行了模拟预算，设计了"平台股东+财务股东+门店管理股东"的门店股东模式。

六、求索中国——中国社群营销标准制定者

董事长：杨银

股改前：企业无股权架构设计，股权与商业模式无融合。

股改后：2个月开设100多家分公司。

股改后求索中国董事长杨银这样说："求索中国2018年5月创立，公司快速发展但依然目标不清晰，机制设计不合理。2019年初川尚咨询协助股权设计，首先帮助分析企业顶层设计思路，重新架构组织形态，盈利单位分解，梳理产品贡献值。厘清了公司的战略规划和商业模式，将股权设计植入商业模式中，2个月开设100多家分公司。"

七、图南餐饮集团——巴中高档宴会中餐第一品牌

董事长：赖玉祥

股改前：股改前由于行业的整体衰退，老板想延缓企业衰老的速度，延长企业盈利的时间，降低原始股东撤资退股的风险。

股改后：首期入股股东 33 人，入股金额 600 万元，通过股权杠杆节约投资 3000 余万元。

首期股改后图南餐饮集团董事长赖玉祥先生这样说："2019 年做得非常正确的一件事就是与川尚结缘。川尚股权不是给模板，而是用专业的知识、技能、服务让企业内部股权激励落地，让企业敢分钱、会分钱、分好钱，再加上川尚专为企业定制的赋能系统，让企业所有工作都开展得有条不紊，老板更轻松，企业更有希望。"

股改前企业是"麻袋装土豆"，川尚咨询帮企业厘清了股权关系，重建了组织架构，老板分清了投资者、经营者、管理者和劳动者的角色。如今公司上下人员各司其职，门店自转，企业发展。川尚咨询进一步为图南餐饮设计股权扩张裂变计划，两个月新开一家大型景区酒店，三个月新开三家大型高端餐饮店，通过股权杠杆节约投资 3000 余万元。

八、秦川大酒店——打造星级酒店中的"海底捞"

总经理：伍洪斌

股改后：首期 7 名核心高管入股，入股资金 150 万元。

股改后秦川大酒店总经理伍洪斌先生说："2019 年与川尚结缘，首先让老板认清角色，找到企业发展的方向，通过股权设计留住、吸引了大量优秀人才，让企业精神面貌发生翻天覆地的变化。"股改前总经理是酒店的"消防队长"。股权改革后，核心高管成了部门总经理，酒店从服务、品质、形象上进行了升级，酒店总经理的工作重心发生转变，从杂务缠身到思考酒店顶层设计和集团布局。